O.W. BARTH ✳

Maren Schneider

ACHTSAM
DURCH DIE
RAUHNÄCHTE

Inspirierende Impulse
zum Jahreswechsel

O.W. BARTH ✳

Besuchen Sie uns im Internet:
www.ow-barth.de

FSC
www.fsc.org
MIX
Papier aus ver-
antwortungsvollen
Quellen
FSC® C014496

Redaktion: Martina Darga
Covergestaltung: ZERO Werbeagentur, München
Coverabbildung: FinePic® / Shutterstock
Gestaltung und Satz: Sandra Hacke
Druck und Bindung: GGP Media GmbH, Pößneck
ISBN 978-3-426-29275-4

Inhalt

Vorwort

Heute ist der 1. Weihnachtstag – der 25. Dezember. Ein trüber Tag, etwas Wind spielt mit den Ästen. Nach dem Familien-Weihnachtsfrühstück ging ich mit meinem Bruder über die Felder, und der Wind pustete uns kräftig durch. Jetzt sitze ich hier gemütlich in meinem Wohnzimmer, der Weihnachtsbaum und die vielen kleinen und großen Kerzen verbreiten eine wohlige, geborgene und festliche Atmosphäre. Meine Katze trampelt genussvoll schnurrend ihren Schlafplatz zurecht, Tee dampft vor sich hin. Wundervolle Weihnachtszeit und der Beginn von 12 Nächten, die seit jeher ihre eigene Magie verbreiten.

Als ich Kind war, hatte ich noch so gar kein Wissen von all den Bräuchen und Zeitläufen. Trotzdem war für mich diese Zeit im Jahr immer eine ganz besondere – die Sommerferien mal ausgenommen. Nicht nur dass ich höchst gespannt war, was mir das Christkind bringen und wie unser Weihnachtsbaum wohl aussehen würde, irgendwie bargen diese Tage ab Weihnachten bis über Neujahr hinaus etwas unerklärlich Magisches. Ich hatte das Gefühl, sie würden nicht in die reguläre Zeit gehören. Sie fühlten sich irgendwie so »dazwischen« an. Fast so, als wäre diese Zeit nicht existent.

Ohne eine Ahnung von Brauchtum zu haben, spürte ich ihren unerklärlichen Zauber. Und tatsächlich ist die besondere Qualität dieser Tage auch nicht erklärbar, wohl aber spürbar. Es ist eine Zeit zwischen der Zeit. Für manche Menschen beginnt sie schon zur Wintersonnenwende des 21. Dezembers. Für mich ist dies ebenfalls so. Ab da verändert sich die Energie. Auf eine sehr angenehme Weise werde ich dann feinsinniger und introvertierter und spüre eine tiefe Verbundenheit zur Natur und Dunkelheit, die ich als wundervoll und geborgen empfinde. Märchen werden für mich interessanter, und ich brauche mehr Zeit für mich alleine. Dies hat sich für mich intuitiv seit meiner Kindheit entwickelt. Seit einigen Jahren nun begehe ich die Rauhnächte bewusst. Ich nutze sie als meine persönliche Rückzugs- bzw. Retreat-Zeit, in der ich mich vornehmlich in achtsame Stille begebe, meditiere, schreibe, sinniere, lange Spaziergänge unternehme, Rückschau halte, Altes abschließe, schaue, was ich aus der Vergangenheit lernen kann und worauf ich mich zukünftig fokussieren möchte.

Nachdem ich viele Jahre lang diese besondere Zeit für meine Praxis genutzt hatte, entstand die Idee, ein Buch darüber zu schreiben. Es sollte anderen, die auch gerne die Rauhnächte für ein Achtsamkeits-Retreat nutzen möchten, Inspiration und Anleitung sein. Auch meine Kursteilnehmer sprachen mich häufig darauf an. Die Zeit erschien mir reif – und voilà, hier ist es! Das Achtsamkeits-Retreat für die Rauhnächte, Ihre persönliche Klausurzeit.

Damit dieses Buch so authentisch wie möglich ist, habe ich es während der Rauhnächte des Jahresübergangs von 2016 auf 2017 geschrieben und während des Schreibens die spürbare Zeitqualität jedes einzelnen Tages und der einzelnen Nächte aufgegriffen. Abend für Abend habe ich das jeweilige Kapitel zur aktuellen Rauhnacht und ihrem gegenwärtigen Tag geschrieben und meine Ideen und Inspirationen, die sich mir während des Tages und der Nacht offenbarten, in dieses Buch mit einfließen lassen. Meiner Erfahrung nach spüren viele Menschen Ähnliches wie ich in diesen Zeiten. Dennoch ist ein Rauhnachts-Retreat ein sehr individueller Prozess, der sich bei jedem Menschen etwas anders vollzieht. Darüber hinaus ist er auch nicht alljährlich gleich. Energien verändern sich Jahr für Jahr, und so auch wir, die wir mit ihnen in Resonanz gehen. Aus diesem Grund lassen Sie diese Kapitel einfach eine Inspiration für Sie sein und wählen Sie das aus, was für Sie gerade stimmig ist. Was nicht passt, lassen Sie weg oder ersetzen es durch eigene Ideen, die Ihren Bedürfnissen und Empfindungen besser entsprechen.

Ich wünsche Ihnen von Herzen eine im wahrsten Sinne zauberhafte und wundervolle Zeit!

Ihre

Dr. Schneid

EINSTIMMUNG

———————

Geweihte Nächte –
Ursprung und Bedeutung

Die Rauhnächte – auch Rauchnächte genannt – haben eine uralte Tradition. Die Zeit zwischen den Jahren, die sogenannte Transitzeit, erscheint wie eine zauberhafte Nicht-Zeit, geschenkte Zeit oder auch Schwellenzeit. Entstanden ist sie durch die Differenz in der Zeitrechnung des Sonnen- und Mondjahres. Das Mondjahr besteht aus 354 Tagen, das Sonnenjahr hingegen aus 365 Tagen. Diese Differenz von 11 Tagen und 12 Nächten gilt von jeher als eine besonders magische Zeit. Es bestehen unterschiedliche Auffassungen über den Beginn der Rauhnächte. Für manche (ich gehöre mit dazu) fangen sie schon mit der Wintersonnenwende – dem Jul-Fest – am 21. Dezember an und enden mit Neujahr. Für andere fühlen sie sich stimmiger ab der Nacht vom 24. auf den 25. Dezember an. Es gibt hier kein Richtig und kein Falsch. Lassen Sie Ihr eigenes Gefühl entscheiden. Ich habe mich entschlossen, das Retreat mit der Nacht vom 24. auf den 25. Dezember zu beginnen, weil es sich dann leichter durchführen lässt. Eine Rauhnacht dauert von Mitternacht bis Mitternacht. Am 6. Januar ist der »Spuk« vorbei. Diese 12 Nächte symbolisieren den Jahreskreis, und dementsprechend steht jede Rauhnacht für einen Monat des Jahres.

Viele traditionelle Verhaltensregeln für die Rauhnächte sind bis heute überliefert. Versetzen wir uns in vergangene Zeiten zurück, in denen das Leben wesentlich beschwerlicher und unwägbarer war als heute, können wir nachvollziehen, wie sie zustande kamen: Die Welt verschwand unter einer dicken Schneeschicht, die wenigen mühsam angelegten Vorräte waren knapp, die Brunnen zugefroren. Der Himmel war dunkel, und die einzige Stube im Haus wurde nur vom kostbaren Feuer erhellt und gewärmt, während draußen der Wind tobte. Da kann man sich gut vorstellen, wie Familien zusammenrückten und das geschäftige Leben zwangsläufig zur Ruhe kam.

In dieser Zeit gingen Sagen um, die alle möglichen Erscheinungen durch das Wirken von Geistern und Göttern erklärten. Einige Verhaltensregeln dienten dazu, diese Wesen milde zu stimmen. So durfte Wäsche nicht im Freien aufgehängt werden, damit sich die umherziehenden Geister nicht darin verfingen und man nicht ihrem Zorn zum Opfer fiel. Alles, was sich drehte, insbesondere Spindel und Spinnrad, sollten stillstehen. Streitigkeiten sollten beigelegt und offene Verbindlichkeiten beglichen werden. Das Orakel wurde befragt, um Sicherheit für das kommende Jahr zu bekommen. Gebete, Zauber-, Bann- und Heilsprüche gehörten wie selbstverständlich zum Alltag, um der permanenten Bedrohung durch Krankheit, Hunger und Tod zu entgehen.

Die Zyklen des Lebens und der Natur waren unseren Ahnen noch viel näher als den meisten eher städtisch geprägten Menschen unserer wissenschaftlich aufgeklärten Zeit. Dennoch spüren auch viele Menschen heute eine tiefe Sehnsucht nach einem Leben im Einklang mit der Natur und nach Spiritualität. Sie besinnen sich wieder auf ihre kulturellen Wurzeln und beginnen, alte Bräuche in abgewandelter Form neu zu beleben und zu gestalten. In diesem Sinne möchte ich Ihnen mit meinem Buch Anregungen geben, die Rauhnächte in einem modernen Rahmen und auf eine Weise zu erfahren, die Ihnen entspricht.

Retreat – Zeit des Rückzugs

So wie auch in der Zeit unserer Ahnen die Rauhnächte eine Periode des Rückzugs und der Stille waren, möchte ich Sie einladen, für ein paar Tage aus der üblichen Geschäftigkeit auszusteigen und sich Zeit für sich selbst zu geben. Dies ist der Sinn und Zweck eines Retreats. Zeiten des Rückzugs finden sich in nahezu allen spirituellen Traditionen. Sie dienen dazu, sich möglichst ohne Ablenkungen durch alltägliche Belange mit sich selbst und einem spirituellen Erkenntnisprozess auseinanderzusetzen, ja dem Göttlichen wieder näherzukommen.

Überlegen Sie, wie Sie diese Zeit verbringen möchten und was Ihnen möglich ist. Vielleicht können Sie sich ein paar Tage freinehmen und das Rauhnachts-Retreat entweder zu Hause durchführen oder sich in ein Kloster, eine Pension oder ein Ferienhaus zurückziehen.

Wenn Sie mit sich in Klausur gehen, werden Sie viel Zeit mit sich selbst haben. Finden Sie eine für Sie stimmige Tagesstruktur und sehen Sie regelmäßige Zeiten zur Meditation, für Spaziergänge, Rituale, Mahlzeiten und zum Schlafen vor. Achten Sie genauso darauf, dass Ihnen auch genügend ungeplante Zeit zur Verfügung steht, in der Sie einfach mal Ihre Seele baumeln lassen, baden, gemütlich Yoga machen, ein schönes Buch lesen oder nur vor sich hin sinnieren können.

Selbst wenn Sie sich um Ihre Familie kümmern und zur Arbeit gehen müssen, können Sie die Rauhnächte trotzdem nutzen, um innere Einkehr zu halten, und eine intensive Zeit erleben. Das eine ist nicht besser als das andere, es ist nur anders. Wenn Sie arbeiten und Ihre Familie versorgen müssen, dann planen Sie bitte Zeiten in Ihrem Tagesablauf ein, an denen Sie sich zurückziehen können. So können Sie beispielsweise am frühen Morgen, wenn Ihre Familie noch schläft, ein paar Minuten in Stille meditieren und am Abend, wenn Ihre Kinder im Bett sind und Ihr Partner oder Ihre Partnerin vielleicht fernsieht, in einem anderen Raum ein Ritual oder eine Meditation durchführen oder sich ein paar Notizen zum Tag machen. Vieles benötigt nur wenige Minuten. Am Wochenende oder an den Feiertagen können Sie die Spaziergänge in der Natur unternehmen, so wie es Ihrem persönlichen Zeitkontingent entspricht. Wie viel Zeit Sie sich in Ihrem Leben einräumen, bestimmen Sie selbst. Manchmal scheint es so, als wäre keine Zeit vorhanden. Aber schauen Sie, ob Sie zumindest für die Zeit der Rauhnächte auf die eine oder andere Aktivität verzichten können, damit Sie den Raum bekommen, den Sie brauchen, um sich zu regenerieren und neu auszurichten.

Rituale und Meditationen

In den 12 Kapiteln zu den Rauhnächten finden Sie für jeden Tag eine kurze Lektüre, die Ihre Aufmerksamkeit auf das dem Tag zugeordnete Thema bündelt. Außerdem mache ich Ihnen Vorschläge für Rituale und Meditationen, die Ihnen helfen können, das jeweilige Thema konkret zu erfahren. Einige der Meditationen gibt es zusätzlich als gesprochene Anleitung auf der beiliegenden CD.

Meditationen dienen der Sammlung unserer Aufmerksamkeit. Bei Ritualen führen wir bewusst bestimmte Handlungen aus und richten unsere Konzentration auf den Inhalt des Rituals. Dies hilft uns, unserer Intention mehr Kraft zu verleihen. Da die Meditation Ihnen die Fähigkeit der Sammlung, Klarheit und Ausrichtung schenkt, die Sie als Fähigkeit auch für die Rituale brauchen, ist es hilfreich, sich während der Rauhnächte jeden Tag wenigstens für ein paar Minuten in der Atem-Achtsamkeits-Meditation zu üben. Diese werden Sie schon in der 1. Rauhnacht kennenlernen.

Um unsere Ideen in die Welt zu bringen, brauchen wir vor allem ein mit ihnen verbundenes positives Gefühl, das uns so tief anrührt, dass wir es unbedingt spüren wollen. Es ist dieses Gefühl, das die Manifestationsenergie in uns und dem Universum freisetzt und auch unser ganzes Kraftfeld darauf einstimmt. Da wir an unseren eigenen Fähigkeiten oft zweifeln, hilft es der Manifestationskraft, wenn wir uns mit einer Kraft oder Energie verbinden, die außerhalb unseres wertenden Verstandes liegt, unerschöpflich ist und größer als alles, was wir von uns denken. Die Verbindung mit dem Universalgöttlichen, oder wie auch immer Sie es für sich bezeichnen möchten, geschieht durch das Gebet.

Die Rituale sind zunächst einmal nur Handlungen. Ihre Magie gewinnen sie erst, wenn wir sie mit einer bestimmten geistigen Ausrichtung ausführen. Wenn wir zum Beispiel duschen oder baden, Kerzen anzünden, Feuer machen oder Blumen in einen Fluss geben, sind das mehr oder weniger gewöhnliche Tätigkeiten. Verbinden wir sie jedoch mit unserer bewussten Absicht, Ausrichtung und ungeteilten Aufmerksamkeit, bekommen solche Handlungen ihren Sinn und damit Kraft. Das Gleiche gilt für die Gebete oder Wünsche. Sie gewinnen nur Energie, wenn wir uns mit dem Sinn der Worte verbinden und diese aus der Tiefe unseres berührten, sehnenden Herzens sprechen.

Bitte nehmen Sie sich für die Meditationen und Rituale ungestörte Zeit. Verzichten Sie auf Rituale »zwischen Tür und Angel«. Sollten Ihnen Zeit und Ruhe fehlen, führen Sie das Ritual einfach zu einem späteren, passenderen Zeitpunkt aus.

Die Rolle der Achtsamkeit

In diesem Buch werden Sie Übungen für Ihr Retreat kennenlernen, die Sie achtsamer werden lassen. Vornehmlich geht es darum, dass Sie wieder mehr mit sich in den Kontakt kommen. Erst wenn Sie wissen, wie es Ihnen geht, was Sie fühlen, sich wünschen und brauchen, können Sie langsam erspüren, wohin Ihre Reise im kommenden Jahr überhaupt gehen soll. Achtsamkeit hilft uns, aus unseren hausgemachten Dramen und dem dazugehörigen Kopfkino auszusteigen und das Leben bewusster und gelassener anzugehen. Mit Achtsamkeit können wir uns auch besser in unser Leben einfinden, egal wie die Umstände sein mögen, und daraus das Bestmögliche machen.

Sie üben sich darin, das, was von Moment zu Moment passiert, so aufmerksam und so bewusst wie möglich mit einer wertneutralen, offenen und annehmenden inneren Haltung wahrzunehmen. Dies ermöglicht Ihnen mehr und mehr einen dramafreien Blick auf Ihre Situation und verhilft Ihnen zu verwertbaren Informationen. Statt einfach nur automatisch »wie immer« zu reagieren, können Sie beginnen, wirklich sinnvoll zu agieren. So kann eine achtsame innere Haltung Ihnen helfen, Ihre eigenen Gestaltungsmöglichkeiten zu erkennen und selbstverantwortlich und angemessen für Ihr Leben zu sorgen. Achtsamkeit hilft, neugieriger zu werden, das eigene Leben wirklich zu erleben und es zu gestalten, neue Wege einzuschlagen, bewusster mit den eigenen Ressourcen umzugehen, die Zusammenhänge des Lebens tiefer zu begreifen, sie zu berücksichtigen und damit immer authentischer im Sein zu werden. Mit wachsender Übungspraxis wird schon alleine die Achtsamkeit Ihr Leben verändern – auch ohne dass Sie konkrete Pläne für das kommende Jahr schmieden.

Vorbereitungen treffen

Damit Sie die Rauhnächte gut nutzen können, Altes abzuschließen und Neues in den Fokus zu nehmen, empfehle ich Ihnen diese ganz besondere Zeit ein wenig vorzubereiten.

Ordnung schaffen

Versuchen Sie, bis zum Heiligen Abend möglichst alle Schulden zu begleichen, Geliehenes zurückzugeben, alle offenen Versprechen einzulösen oder Projekte abzuschließen und alles zu entsorgen oder zu verschenken, was Sie nicht mehr brauchen. Misten Sie aus, entrümpeln Sie. Damit bringen Sie wieder mehr Frische und Klarheit in Ihr Leben und schaffen Platz für Neues – nicht nur materiell, sondern auch energetisch! Lüften Sie kräftig und putzen Sie gründlich durch. Wenn Sie mögen, geben Sie ins Putzwasser ein paar Tropfen echtes Rosen- oder Orangenöl. Diese ätherischen Öle heben die Energie an. Rose befriedet und schafft eine liebevolle Atmosphäre. Orange wirkt belebend und sonnig aufs Gemüt. Suchen Sie sich einfach ein Öl aus, das Ihnen gefällt. Waschen Sie noch bis dahin angefallene Kleidung und reparieren Sie, was möglich ist.

Was Sie für die Rituale brauchen werden

Besorgen Sie sich einen guten Vorrat an Teelichtern, Kerzen und Räucherwerk: insbesondere getrockneten weißen Salbei, der zumeist als kleine oder größere Räucherbündel, sogenannte »Smudge-Sticks«, erhältlich ist. Gut geeignet sind auch Palo Santo, echter Weihrauch, Rosenblätter, Lavendelblüten, Rosmarin, kleine trockene Tannenzweige, Wacholderzweige und -beeren sowie Lorbeerblätter. Für das Räuchern benötigen Sie außerdem Räucherkohle und ein Räucherstövchen oder -pfännchen oder alternativ eine feuerfeste Schale, die Sie mit etwas Sand befüllen und dann auf einen hitzebeständigen Teller stellen. Unsere Vorfahren haben einfach eine Pfanne oder einen Topf mit Stiel genommen. Der Stiel oder der Unterteller ermöglichen Ihnen, das Räuchergefäß durch die Räume zu tragen, ohne sich an dem heißen Räuchergefäß die Finger zu verbrennen. Sie können auch natürliche Räucherstäbchen benutzen, deren Duft Sie angenehm finden.

Des Weiteren brauchen Sie noch eine Packung Meersalz, eine

Ihnen angenehme Auswahl von natürlichen reinen ätherischen Ölen wie echtes Rosen-, Orangen- oder Lavendelöl, außerdem kleine Teller, Schalen oder auch Weidenkörbchen für Speisenopferungen in der Natur sowie Glaswindlichter oder Laternen, in denen Sie gefahrlos Kerzen brennen lassen können. Haben Sie auch ein paar Äpfel, Nüsse und Kerne im Vorrat.

Meditationsplatz und Altar

Richten Sie sich einen Meditations- oder Rückzugsplatz ein, an dem Sie sich geborgen und wohl fühlen. Wichtig ist auch, dass Sie zu jeder Ihnen lieben Zeit ungestört an diesem Platz verweilen können. Machen Sie es sich dort richtig behaglich. Statten Sie ihn mit einer warmen Unterlage, einem Meditationskissen, -bänkchen oder -hocker oder einem Stuhl (je nach Ihren körperlichen Möglichkeiten) und einer warmen Decke zum Umlegen aus. Außerdem richten Sie sich dort auch einen kleinen Altar ein, den Sie nach Ihren Bedürfnissen und Ihrem Geschmack gestalten können. Dieser Altar soll für diese Zeit Ihr Kraft- und Ritualplatz sein, an dem Sie Blumen, Kerzen und Räucherwerk sowie alles andere aufstellen können, was Sie in dieser Zeit daran erinnert, dass Sie mit einer wohlmeinenden Segenskraft verbunden sind. Meiner Erfahrung nach unterstützt der Altar die Praxis auf dem Meditationsplatz und umgekehrt. Aus diesem Grunde empfehle ich, beides im gleichen Raum zu haben, insbesondere da Sie manche Rituale aus der Meditation heraus ausführen werden. Sollten Sie, aus welchen Gründen auch immer, keinen festen Platz einrichten können und ihren Platz immer wieder wechseln müssen oder wollen, dann können Sie den Altar auch auf einem tragbaren Tablett arrangieren und ihn so dorthin mitnehmen, wo Sie sich gerade aufhalten. Obwohl ich einen festen Meditationsplatz habe, besitze ich ebenfalls einen Tablett-Altar, da ich mich sehr dazu inspiriert fühle, ihn hin und wieder auch dort aufzustellen, wo ich mich in der Wohnung gerade aufhalte. Versuchen Sie, Ihr Umfeld während dieser Zeit so sauber und aufgeräumt wie möglich zu halten. Das hilft dem Geist, zur Ruhe zu kommen.

Kraftplätze finden

Einige Meditationen und Rituale werden Sie auch draußen in der Natur durchführen. Vielleicht wissen Sie schon, wo dort für Sie ein guter Platz ist, an dem Sie sich niederlassen können, um in die

Zwiesprache mit der Schöpfung und der geistigen Welt zu treten. Wenn nicht, machen Sie vor den Rauhnächten einen Orientierungsgang durch das Naturgebiet, in dem Sie gerne die Übungen oder auch Rituale durchführen wollen, und schauen Sie nach ein paar schönen Plätzen. Wo stehen Apfelbäume, wo Holunderbüsche, und wo gibt es einen gemütlichen Platz unter einem Baum oder auf einer Bank mit einem schönen Blick? Finden Sie Ihre persönlichen Kraftplätze. Testen Sie sie. Wie fühlen Sie sich dort? Wohl, sicher, ruhig oder eher nervös, ungeschützt und ängstlich? Wenn Letzteres passiert, suchen Sie weiter, auch wenn der Platz optisch schön ist. Es geht um die Energie, die Sie spüren. Ihre Intuition ist wie ein Sensor. Wenn Sie sich wohl fühlen, bleiben Sie. Wenn Sie sich unwohl fühlen, gehen Sie weiter, selbst dann, wenn dieser Platz von anderen als echter Kraftplatz angepriesen wird. Ihr Wohlgefühl ist das Einzige, was wirklich zählt.

Den Prozess durchleben

Die Rauhnächte sind eine vollkommen intuitive Zeit. Es gibt keine konkreten Ablaufpläne, an die man sich halten muss. Alles, was Sie in diesem Buch finden, sind Vorschläge, wie Sie die Energie der Rauhnächte für sich selbst erfahrbar machen und sie als Vorbereitungszeit für das kommende Jahr nutzen können. Für mich persönlich ist es am wichtigsten, die menschlichen Qualitäten der Sammlung, Achtsamkeit, Selbstfürsorge und des Mitgefühls zu kultivieren.

Im Folgenden geht es weniger darum, konkrete Pläne für die Zukunft zu erarbeiten oder die keltische oder germanische Mythologie kennenzulernen. Vielmehr möchte ich Sie mit Übungen, Meditationen und Ritualen in Ihr eigenes Spüren und Innehalten begleiten, so dass Sie sich selbst wieder mehr zuhören und wahrnehmen können. Daraus werden sich mit der Zeit Ahnungen für die Richtung Ihrer Reise ergeben.

In den Rauhnächten steht das Gefühl im Vordergrund, nicht der Verstand. Durch ihre Stille und die Dunkelheit öffnet uns diese Zeit einen wundervollen Raum, in dem wir das Gefühl mehr und mehr zulassen können.

Die Übungen bauen aufeinander auf und vermitteln Ihnen verschiedene Fertigkeiten, mit Hilfe derer Sie sich auch im kommenden Jahr immer wieder zentrieren und mit Ihrer Intuition, der Stille und Geborgenheit inmitten der Schöpfung verbinden können. Bitte fühlen Sie sich frei, nur das für sich auszuprobieren und in Ihre Tagesabläufe zu integrieren, was sich für Sie stimmig anfühlt. Es ist unerheblich, ob Sie während dieser Zeit frei haben oder arbeiten müssen. Sie können die Übungen vor oder nach der Arbeit machen, alle Übungen durchführen oder auch nur eine pro Tag. Vielleicht gibt es auch Tage, an denen Ihnen keine der vorgeschlagenen Übungen zusagt. Dann lesen Sie das Kapitel trotzdem und lassen das Tagesthema wie einen roten Faden mitlaufen, während Sie Ihren Aufgaben nachgehen. Auch das wird etwas in Ihnen zum Klingen bringen. Unterschätzen Sie nicht die kleinen Erkenntnisse und persönlichen Reflexionen, die außerhalb der formalen Übungen oder Rituale aufblitzen. Sie können sehr wichtig sein. Das Gleiche gilt für Träume und Naturbeobachtungen.

Ich möchte Ihnen innig ans Herz legen, sich ein kleines Notizbuch zuzulegen, in das Sie jeden Tag all das aufschreiben, was Sie beobachtet und erkannt haben oder worüber Sie gerade nachdenken. Auch unsere Träume geben uns Auskunft darüber, was uns gerade beschäftigt. Viel wichtiger als der Inhalt des Traums ist das Gefühl, das der Traum in uns auslöst. Notieren Sie, was immer Sie am Morgen von den Träumen behalten haben. Beobachten Sie das Wetter und auch das, was Sie in der Natur erleben und empfinden. Was offenbart sich Ihnen auf einem Spaziergang? Hat das für Sie eine Bedeutung? Was fühlen Sie? Vielleicht wird Ihnen durch eine einfache Naturbeobachtung ein tieferer Zusammenhang einer Lebensthematik klar. Lassen Sie sich berühren. Es geht weniger um die intellektuelle Analyse, als vielmehr um etwas, was wir nicht erklären und nicht in Worte fassen können, weil es sich unserem Verstand entzieht – und das ist auch gut so. Spüren Sie hin, lassen Sie sich davon ergreifen, lassen Sie es geschehen. Schauen Sie, was die rauhen Nächte und Tage – die übrigens durchaus auch sehr lieblich sein können – in Ihnen bewegen.

Von Herzen viel Freude und Inspiration wünsche ich Ihnen!

DIE 12 NÄCHTE

———

1. Rauhnacht – 25. Dezember

REINIGUNG

Der Heilige Abend ist vorüber, und etwas verändert sich. Um Mitternacht, wenn viele aus der Christmette kommen, beginnt sie, die Rauhnachtszeit. Vielleicht kommt ein Wind auf, oder es fängt an, in zarten weißen Flocken zu schneien. Vielleicht sind Sie jetzt noch wach, während Ihre Familie schon schlafen gegangen ist. Gehen durch das weihnachtlich geschmückte Wohnzimmer. Spielzeug liegt herum, Geschenkpapier erinnert an freudvoll ungeduldiges Aufreißen der vor ein paar Tagen noch liebevoll verpackten Geschenke. Der Weihnachtsbaum verbreitet einen heimeligen Glanz. Es ist still draußen. Doch ist es auch still in Ihnen?

Ich weiß nicht, wie Ihr Heiliger Abend verlaufen ist. Hatten Sie Freude und eine liebevolle, glückliche Familie um sich? Oder gab es (wie vielleicht jedes Jahr) Streit, Langeweile und Unstimmigkeiten? Oder waren Sie für sich alleine – bewusst gewählt, weil Weihnachten nicht Ihr Fest ist, oder gezwungenermaßen, weil Sie Ihre Lieben oder Ihren Partner oder Ihre Partnerin verloren haben?

Wie auch immer es Ihnen jetzt gerade geht, ob Sie glücklich oder unglücklich sind, Weihnachten gerne feiern oder lieber einen großen Bogen darum machen, ich möchte Sie einladen, diese Rauhnächte für sich als ganz persönliches inneres Fest zu feiern. Es braucht niemand mitzubekommen. Es ist nur für Sie selbst. Natürlich dürfen Sie auch andere mit auf die Reise nehmen, wenn Sie dies möchten, dennoch bleibt es Ihr eigener Prozess, der auch mit unserem herkömmlichen Weihnachtsfest nicht unbedingt etwas zu tun haben muss. Es ist einfach eine etwas andere Art, die Prozesse der Natur zu feiern, sich zu besinnen und sich Raum für eine bewusste Neuausrichtung zu schenken.

Die erste Rauhnacht ist der Qualität des Januars zugeordnet und damit einer Zeit, die uns durchaus eine gehörige Portion Geduld abverlangen kann. Es ist bisweilen sehr kalt, und der Frühling ist noch gefühlte Ewigkeiten weit weg. Manche genießen die Kälte und den Schnee, andere sind eher genervt und trauen sich kaum von der warmen Heizung weg. Der Januar ist der erste Monat eines neuen kalendarischen Jahreszyklus, und doch wirkt er wie ein Zwischenzustand. Denn obwohl die Vorsätze für das Jahr gefasst sind, müssen wir Geduld haben: Die Zeit ist möglicherweise noch nicht reif, unsere Vorhaben in die Tat umzusetzen. Vielleicht brauchen sie auch noch Vorbereitung oder eine Überprüfung. Und so passt dieser Tag wunderbar zu unserem Start in den Zwischenzustand der Rauhnächte – die Zeit zwischen den Jahren, ein Zyklus von 11 Tagen und 12 Nächten, der von heute an bis in das neue Jahr führt. Dieser Tag dient Ihrer Einstimmung und der Vorbereitung auf die nächsten Tage, so wie der Januar auch eine Vorbereitungszeit für Ihr Jahr sein kann.

Viele Zeremonien und Rituale beginnen mit einer äußeren und einer inneren Reinigung. Diese Reinigung ist einerseits eine bewusste Einstimmung, andererseits schafft sie innen und außen Klarheit und Ordnung.

Es ist wichtig, Altes abzuschließen, bevor wir etwas Neues anfangen. Denn »Altlasten« erschweren oder verhindern es sogar, dass wir uns mit ganzer Kraft dem Neuen widmen. Alte, überlebte Strukturen können im übertragenen Sinne wie Kaugummi empfunden werden, der an unseren Schuhen klebt. Manchmal sind sie sogar mehr als nur Kaugummi, sie sind wie professioneller Industriekleber, der jegliche Weiterentwicklung unmöglich macht.

Wahrscheinlich haben Sie schon vor Weihnachten Ihr Zuhause geputzt und aufgeräumt. Nun haben Sie Zeit für sich selbst und können die erste Rauhnacht und den dazugehörigen Tag Ihrer eigenen Reinigung widmen.

Wahrscheinlich werden Sie sich Gedanken darüber machen, was Sie gerne in den nächsten Tagen, Nächten und auch für das kommende Jahr loslassen und neu angehen möchten. Das wird sich jedoch im Prozess des Rauhnachts-Retreats ganz von selbst ergeben. Versuchen Sie, diese Gedanken loszulassen. Ich möchte Sie dazu einladen, sich heute in der ersten Rauhnacht mit einfachen, wohltuenden Reinigungszeremonien zu beschenken und sich damit auf alles, was kommt, energetisch einzustimmen. Meine liebsten Reinigungsrituale sind das Räuchern mit Salbei und ein Meersalzbad – alternativ eine Dusche.

Klärendes Räucherritual

Wenn Sie heute Abend, am Ende des Heiligen Abends, noch Lust und Zeit haben, öffnen Sie alle Türen und Fenster und lüften einmal kräftig durch. Anschließend entzünden Sie ein Büschel weißen Salbei in einer feuerfesten Schale. (Achtung, die Schale kann heiß werden.) Warten Sie, bis die Flammen ausgegangen sind und der Rauch aufsteigt.

Zuerst fächern Sie sich mit einer Feder oder einfach mit Ihrer Hand den Rauch über Ihren gesamten Körper, über die Vorder- und die Rückseite, und stellen sich dabei vor, wie alles, was sich in Ihrem Energiefeld befindet und es beschwert, durch den Rauch aufgelöst und bereinigt wird. Anschließend schreiten Sie im Uhrzeigersinn, beginnend an der Tür, langsam Ihre ganze Wohnung ab und fächeln den Rauch in die Luft. Stellen Sie sich dabei vor, wie alles, was die Energie des Raumes belastet, durch den Rauch des weißen Salbeis gereinigt und geklärt wird. Beenden Sie den Rundgang durch Ihr Zuhause an der Eingangstür. Öffnen Sie sie und räuchern Sie auch vor dem Haus oder im Flur Ihren Eingangsbereich. Ab und zu gehe ich zusätzlich mit dem Salbei räuchernd durch das Treppenhaus, um hier ebenfalls die Energien auszugleichen.

Meersalzbad

Eine Alternative und auch eine Ergänzung zum Abräuchern von sich selbst ist das Meersalzbad. Fügen Sie einfach zwei gute Hände frisches Meersalz dem angenehm temperierten Badewasser hinzu und achten Sie darauf, dass es sich auflöst. Wenn Ihnen ein intensiverer Duft lieber ist, fügen Sie noch einen angenehmen Badezusatz oder ein ätherisches Öl hinzu. Wichtig ist, dass Sie mit diesem Duft Klarheit, Frische und Reinigung verbinden. Mittlerweile gibt es auch bereits Meersalz-Badezusätze mit Duft.

Meersalz ist besonders gut für das Reinigungsbad geeignet, weil es die Fähigkeit hat, Energiefelder auszugleichen. Vielleicht haben Sie schon bemerkt, dass Sie vornehmlich dann zu mehr Salzkonsum neigen, wenn Sie sich belastet fühlen und mit schwierigen Menschen oder seelisch verstörenden Themen konfrontiert sind. Bei Reinigungspraktiken des Schamanismus wie auch des Feng-Shui wird Salz seit jeher genutzt, um schwere Energien zu binden.

Während Sie im Salzbad liegen, stellen Sie sich vor, wie sich Schatten oder dunklen Bereiche Ihres Energiefeldes auflösen und Ihr Energiefeld wieder heller und leuchtender wird.

Erlauben Sie sich, sich im Wasser tief zu entspannen. Lassen Sie sich vom Wasser tragen.

Baden Sie ungefähr 10–15 Minuten, sofern es für Sie angenehm ist. Sollten Sie Schwierigkeiten mit Ihrem Kreislauf haben, temperieren Sie das Wasser eher etwas kühler und verkürzen bei Bedarf die Zeit. Achten Sie immer darauf, dass es Ihnen gutgeht. Das ist Ihr einziger Maßstab. Die Angaben hier im Buch sind lediglich Erfahrungswerte und Vorschläge. Das Ritual funktioniert genauso mit kürzerer oder längerer Einwirkzeit.

Duschen Sie sich anschließend mit klarem Wasser ab. Wenn Sie mutig sind und es Ihr Kreislauf mitmacht, können Sie sich ganz kalt abduschen. In dem Fall beginnen Sie bitte zuerst mit dem herzfernsten Punkt Ihres Körpers: der rechten Wade. Arbeiten Sie sich von dort langsam über den ganzen Körper hoch. Erst zum Schluss kommen der Kopf und das Herz an die Reihe. Packen

Sie sich anschließend in einen Bademantel, ziehen sich dicke Socken an und ruhen Sie unter einer warmen Decke liegend noch etwas nach. Sie können auch direkt schlafen gehen oder legen sich noch eine Weile lang ausgestreckt auf die Couch.

Sollten Sie keine Wanne haben oder aus gesundheitlichen Gründen nicht baden dürfen, dann können Sie dieses Reinigungsritual auch in etwas verkürzter Form unter der Dusche ausführen. Reiben Sie dazu Ihre nasse Haut mit Meersalz ein und duschen Sie sich danach gründlich ab. Sparen Sie bitte alle Schleimhäute aus. Alternativ können Sie auch einfach ein Meersalz-Duschgel benutzen oder gleich ein Meersalz-Peeling. Während Sie sich mit dem Meersalz abreiben, stellen Sie sich vor, wie sich Ihr Energiefeld ausgleicht und alle Abdrücke von unschönen Momenten geklärt und entfernt werden.

Ruhen Sie auch nach der Dusche noch für ein paar Minuten aus oder gehen Sie gleich schlafen. Am schönsten ist das in einem frischen Pyjama und frischer Bettwäsche.

Selbstverständlich können Sie all diese Rituale auch nacheinander für sich ausführen, und Sie brauchen auch nicht unbedingt nachtaktiv werden, wenn Sie müde sind. Sie haben für diese Reinigungsrituale den ganzen Tag des 25. Dezembers und auch den ganzen Abend bis Mitternacht Zeit.

Der Überlieferung nach ist es Brauch, während der Rauhnächte Träume und das Wetter zu beobachten, um Hinweise auf das neue Jahr und den jeweiligen Monat zu bekommen. Heute möchte ich Sie das erste Mal dazu einladen, sich dem zu widmen. Wenn Sie mögen, können Sie das folgende Traum- und Wetterorakel auch in den nächsten Tagen fortführen.

Traumorakel

Achten Sie in der Nacht auf Ihre Träume und notieren Sie sie direkt nach dem Aufwachen in Ihrem Rauhnacht-Tagebuch. Wichtiger als das Traumgeschehen ist das, was Sie gefühlt haben und was Sie selbst mit den Bildern und Geschehnissen verbinden. Nicht immer sind Traumbilder logisch nachvollziehbar. Sie haben vielmehr einen symbolischen Wert. Versuchen Sie, die Bilder und Szenen als Themenkomplexe zu sehen. So bedeutet beispielsweise der Verlust eines Zahns nicht unbedingt, dass Sie einen Zahn verlieren werden. Vielmehr kann er Ihnen sichtbar machen, dass das Thema Verlust für Sie gerade präsent ist. Die Stimmung im Traum und beim Aufwachen kann Ihnen Aufschluss darüber geben, auf welche Weise Sie das Thema des Traums beschäftigt: ob Sie Angst haben, sich hilflos oder wütend fühlen, ob es Ihnen wichtig ist, ob es sich existenziell bedrohlich, nah oder fern anfühlt. Auch

Lebewesen wie Tiere, die in unseren Träumen auftauchen, können eine übertragene Bedeutung haben. Beispielsweise könnten Sie sich bei dem Traumbild der Schlange fragen, was das Thema Schlange in Ihnen auslöst. Vielleicht fühlen Sie sich bedroht von etwas Unberechenbarem, vielleicht von jemandem, der ist wie eine Schlange, kühl, unsozial und damit menschlich schwer einzuschätzen. Es geht nicht um eine perfekte Traumanalyse, sondern ich möchte Sie ermutigen, Ihre Träume als Hinweisgeber zu sehen. Sie verraten, worüber Sie sich Gedanken machen und was Sie unbewusst bewegt. Manchmal kommt auch nichts wirklich Greifbares dabei heraus. Notieren Sie es sich trotzdem. Wenn Sie später einmal Ihre Aufzeichnungen wieder lesen, kann es sein, dass sie einen Sinn ergeben, der Ihnen zuvor verborgen geblieben war. Vielleicht finden Sie darin einen Hinweis aus Ihrem Unterbewusstsein, der Ihnen hilft, sich mit dem betreffenden Lebensthema bewusst und aktiv auseinanderzusetzen.

Wetterorakel

Ein anderes Orakel ist das Wetter. Beobachten Sie das Wetter des Tages. Ist es kalt oder warm, feucht oder trocken, nebelig oder klar, regnet oder schneit es – wenn ja, wie stark, stürmt es, weht ein laues Lüftchen, oder ist es windstill? Notieren Sie sich auch, welche Stimmung oder Ahnung das Wetter in

Ihnen auslöst, also was es für Sie intuitiv bedeutet. Wie fühlt es sich für Sie an, was sagt Ihr Bauch dazu, was für innere Bilder tauchen vor Ihrem geistigen Auge auf, wenn Sie sich den dazugehörigen Monat vorstellen? Vielleicht erleben Sie beispielsweise ein erstaunlich mildes Wetter mit lauen Temperaturen, doch ohne Farbe und Sonnenschein. Das mag dahin gehend von Ihnen interpretiert werden, dass der Januar ohne besondere Höhen und Tiefen verläuft. Ob das für Sie gut oder nicht so angenehm ist, obliegt Ihrer persönlichen Sichtweise. Vielleicht ruft dagegen strahlender Sonnenschein in Ihnen ein Gefühl von Kraft und Freude hervor, und Sie interpretieren das als ein gutes Zeichen: Der Januar wird für Sie wunderschön, freudvoll und leicht, oder geplante Projekte werden erfreulich und dynamisch verlaufen. Notieren Sie sich einfach alles, was Ihnen dazu einfällt. Sie werden überrascht sein, wenn Sie es dann im kommenden Jahr lesen. Versuchen Sie, es als Spiel zu sehen und nicht allzu ernst zu nehmen.

Vorbereitung für morgen

Sofern Sie es noch nicht getan haben, richten Sie sich heute einen schönen Meditationsplatz her, denn ab morgen beginnt Ihr Retreat. Der heutige Tag diente der Vorbereitung und Einstimmung, damit Sie sich morgen wirklich in die Stille begeben können.

Wenn Sie dieses Retreat zu Hause absolvieren und mit Ihrer Familie, einem Partner oder einer Partnerin zusammenleben, dann bereiten Sie Ihre Lieben darauf vor, dass Sie ab morgen Rückzugszeiten in Ihren Tag einbauen werden, in denen Sie möglichst ungestört sein möchten. Sollten Sie alleine leben und sich vollständig zurückziehen wollen oder sich für die Zeit vielleicht gar in ein Kloster oder Retreat-Zentrum einmieten, melden Sie sich bei allen ab, die sich Sorgen machen könnten. Klären Sie alles noch Wichtige und schalten Sie anschließend Ihr Telefon aus. Sollte es notwendig sein, können Sie Sprechzeiten mit Ihren Lieben vereinbaren, so dass Sie einen klar definierten Kontakt pflegen, jedoch deutlich machen, ansonsten nicht zur Verfügung zu stehen. Das ist wichtig! Für Sie und auch für Ihr Umfeld.

Ich wünsche Ihnen eine gute Nacht und einen schönen Tag!

2. Rauhnacht - 26. Dezember

IN DIE STILLE GEHEN

Der 2. Weihnachtstag ist gekommen. Wie haben Sie geschlafen? Was haben Sie geträumt, und wie erscheint Ihnen heute das Wetter? Beginnen Sie den Tag mit einem kleinen Spaziergang in die Natur. Wandeln Sie, streifen Sie. Es braucht nur eine halbe Stunde zu sein. Beobachten Sie das Spiel der Wolken, den Himmel und erspüren Sie, wie es sich für Sie anfühlt, was sich gerade im Wetter zeigt. Machen Sie sich anschließend ein paar Notizen dazu.

Die heutige Rauhnacht und der dazugehörige Tag sind energetisch dem Februar zugeordnet. Die Sonne gewinnt langsam wieder an Höhe, und die Tage werden schon ein klein wenig länger. Obwohl der Februar immer noch von winterlichem Frost geprägt ist, erinnert uns das Fest »Maria Lichtmess« (auch Imbolc genannt) an den Sieg der Sonne über die Dunkelheit und den Winter. Der neue Lebenszyklus ist bereits im Werden begriffen. Die Samen liegen im dunklen Bauch von Mutter Erde und warten nur darauf, vom Licht und von der ansteigenden Wärme geweckt zu werden. Es ist die Morgendämmerung des neuen Jahres, die in uns die Hoffnung auf einen nicht mehr allzu fernen Frühling keimen lässt.

Heute kehrt für viele Menschen wieder ein bisschen mehr festliche Ruhe ein. Ein guter Moment, um es der Natur gleichzutun und sich langsam mehr und mehr zurückzuziehen. Und damit beginnt heute ganz bewusst Ihr Rauhnachts-Retreat, in dem die Samen für das neue Jahr gesetzt werden können.

Rauhnachts-Retreat

Ein Retreat in den Rauhnächten wirkt für die meisten Menschen wie ein Neustart, eine Erfrischung oder eine tiefe Neuausrichtung. Wenn Sie das noch nie erlebt haben, kann es verblüffend sein, was diese Zeit mit einem anstellen kann. Es kann eine sehr schöne, bewegende Erfahrung sein. Wird das Rauhnachts-Retreat regelmäßig jedes Jahr durchgeführt, gelangt das Leben zu mehr Tiefe und man selbst zu mehr Echtheit. Altes kann bewusst reflektiert werden und eine stimmige Neuausrichtung stattfinden, so dass die Weichen für die vielen Möglichkeiten, das Leben zu erleben, justiert oder neu gestellt werden. Wir werden dennoch nicht alles beeinflussen können, was uns widerfährt, doch wir brauchen nicht mehr schicksalsergeben zuzuschauen, wie unser Leben an uns vorüberzieht, ohne dass wir Teil davon sind. Wir sind die Gestalter unseres Lebens. Die Bereiche, auf die wir Einfluss haben, können wir verantwortungsvoll und mit Freude gestalten. Und wir können lernen, den Bereichen, die sich unserer Gestaltungsfähigkeit entziehen, mit bewusster Gelassenheit und Geduld zu begegnen, und so ein erfülltes und friedvolles Leben führen, das sich für uns sehr stimmig anfühlt.

Stille

Eine der wichtigsten Voraussetzungen, unsere Gestaltungsfenster bewusst nutzen zu können, ist die Fähigkeit, still zu werden. Denn erst in der Stille können wir uns selbst hören. Die Stimme der Intuition ist bisweilen sehr leise. Meist wird sie überbrüllt von unserem plappernden und alles kommentierenden Geist, der prinzipiell entweder alles besser weiß oder immerwährend an allem zweifelt. Still werden bedeutet nicht, dass um uns herum alle Geräusche abgestellt werden müssen, alle nur noch auf Socken leise durchs Haus schleichen oder wir uns Ohropax in die Ohren stopfen. Still zu werden heißt, das innere Geplapper zur Ruhe zu bringen. Unseren unruhigen Affengeist, der nach allem greift und die Büchse der Pandora unglaublich gerne aus reiner Langeweile öffnet, ein paar Manieren beizubringen und ihn an Sammlung und Ruhe zu gewöhnen. Mit der Zeit werden wir gerne aus unserer permanenten Betriebsamkeit aussteigen und mehr und mehr die nährende Stille suchen und genießen können.

Intuitiv die Richtung finden

In dieser Stille wird sich intuitiv zeigen, was für Sie wichtig und heilsam ist. Aus dieser Stille wird sich herausbilden, in welche Richtung Sie Ihre Aufmerksamkeit im kommenden Jahr ausrichten wollen. Dabei geht es weniger um konkrete Pläne, nach dem Motto: »Nächstes Jahr will ich auf jeden Fall nach Soundso reisen«, sondern vielmehr darum, wie Sie sich fühlen wollen. Während der Meditation wird dies jenseits des Nachdenkens als eine Art tiefe innere Sehnsucht, als Gefühl oder intuitives Wissen in Ihnen aufsteigen und sichtbar werden. Das wird nicht von heute auf morgen passieren, es benötigt etwas Geduld und Zeit. Sich einem intuitiven Prozess anzuvertrauen, in dem es mehr ums Spüren, ums innere Sehen und Wahrnehmen, um Bilder und Träume geht, ist für manche möglicherweise eine Herausforderung. Ich kann Sie nur einladen, sich diesem Prozess einfach zu überlassen und zu schauen, was am Ende daraus hervorgeht. Pläne können Sie anschließend immer noch machen, doch vielleicht haben Sie dann eine etwas andere Grundlage als nur Ihren Intellekt. Intuition braucht Raum und Stille. Und darum wird es jetzt gehen.

Die Achtsamkeits-Meditation

Heute möchte ich Sie mit der Achtsamkeits-Meditation vertraut machen und Ihnen damit die Möglichkeit eröffnen, Stille zu erfahren und aushalten zu lernen. Diese Form der Meditation dient als Trainingszeit, in der Sie sich darin üben, sich mit Ihrer Aufmerksamkeit bewusst auf ein Sammlungsobjekt zu konzentrieren. Das Wort Konzentration passt eigentlich nicht so richtig, denn es ist mehr ein Ruhen-Lassen der Aufmerksamkeit auf einem Objekt Ihrer Wahrnehmung. Wir benutzen dazu das Atmen und das, was Sie beim Atmen körperlich wahrnehmen können, wie beispielsweise das Heben und Senken Ihrer Brust oder Bauchdecke. Vielleicht fühlen Sie aber auch, wie die Atemluft in Sie einströmt und an Ihren Nasenlöchern entlangstreicht. Der Atemvorgang ist meist so fein, dass wir uns schon ein bisschen darauf konzentrieren müssen, um etwas davon wahrzunehmen. Das ist so gewollt und verstärkt mit der Zeit Ihre Sammlungs- und auch Ihre bewusste Wahrnehmungsfähigkeit.

Und so führen Sie die Achtsamkeits-Meditation aus:

Begeben Sie sich auf Ihren Meditationsplatz, den Sie sich für diese Retreat-Zeit ausgesucht und eingerichtet haben. Nehmen Sie bewusst Ihren Sitzplatz ein. Während Sie sich hinsetzen und es sich dabei gemütlich machen, seien Sie sich bewusst, dass dies nun Ihre Rückzugszeit für Sie selbst ist. Dies ist also keine Zeit, in der Sie Probleme lösen, eine Einkaufs- oder To-do-Liste erstellen müssen. Es ist einfach nur stille Zeit. Zeit, um da zu sein, eine Zeit für bewusstes Nichts-Tun. Hierfür treten Sie für eine Weile absichtlich aus Ihrer ständigen Aktivität aus.

Beginnen Sie Ihre Meditation damit, dass Sie ganz bewusst spüren, wie Ihr Körper im Kontakt mit Ihrem Sitzplatz ist. Erspüren Sie die Festigkeit oder Weichheit der Materialien. Der Boden trägt Sie, ohne dass Sie etwas dafür zu tun brauchen. Nun richten Sie Ihren Oberkörper sanft auf. Stellen Sie sich vor, Sie wären ein Berg, fest mit dem Boden verbunden und würdevoll aufgerichtet, doch ohne steif zu sein.

Sie können mit offenen oder geschlossenen Augen dasitzen. Wenn Ihre Augen offen sind, dann lassen Sie Ihren Blick ganz weich in einem für Sie angenehmen Abstand auf dem Boden ruhen, ohne etwas Spezielles zu fokussieren. Einfach ganz sanft und entspannt vor sich hin schauen. Der Blick darf ruhig etwas unscharf werden.

Spüren Sie bewusst Ihren Körper. Vielleicht merken Sie, dass er noch etwas angespannt ist. Atmen Sie bewusst tief aus und lassen Sie locker. Atemzug für Atemzug werden Sie immer weicher. Spüren Sie Ihren Atem? Wo spüren Sie ihn am besten, in der Nase, im Brustbereich oder eher im Bauch? Ganz gleich, wo Sie ihn gerade gut spüren, bringen Sie Ihre Aufmerksamkeit genau dort hin. Jetzt gibt es erst einmal nicht anderes zu tun, einfach nur den Atem bewusst spüren – und das, was er im Körper hervorruft. Bewegung, Kühle, Strömen … einfach mal dem nachspüren und dabeibleiben.

Früher oder später werden Sie wahrscheinlich wieder anfangen, über irgendetwas nachzudenken. Das ist nicht schlimm. Hier beginnt Ihre Sammlungsübung. Es ist zwar jetzt ein kleines bisschen kraftaufwendig, aber bringen Sie immer wieder Ihre Aufmerksamkeit zurück zum Spüren des Atems, wenn Sie merken, dass Sie anfangen, über irgendwas nachzudenken oder zu träumen, Pläne zu schmieden oder auch Ihre Meditation zu kommentieren. Einfach locker wieder Kontakt zur Atembewegung oder zum Strömen an der Nase aufnehmen und dort so lange bleiben wie möglich. Ja, es braucht ein bisschen Anstrengung, sich immer wieder von den Gedanken zu lösen und zurückzukehren. Es ist ganz gleich, ob das, was Sie gerade denken, wichtig oder belanglos erscheint. Jetzt, in den kostbaren Minuten der Meditation, geht es nur darum, sich darin zu üben, die Aufmerksamkeit willentlich zum Atem zu lenken. Lassen Sie sich von Ihren Gedanken nicht gängeln, bestimmen Sie, auf was Ihre Aufmerksamkeit gerichtet sein soll. Entscheiden Sie sich, sich von den Gedanken abzuwenden, und gehen Sie wieder aktiv in den spürenden Kontakt mit Ihrer Atmung.

Und wieder zurückkehren, wenn Sie abgelenkt sind. Immer wieder zurückkehren zum Atem.

Um die Meditation zu beenden, nehmen Sie nun einen tiefen Atemzug. Recken und strecken Sie sich ein bisschen und lösen Sie dann ganz langsam und behutsam Ihre Meditationshaltung auf. Lassen Sie sich Zeit und stehen Sie erst auf, wenn Sie alle Körperteile wieder gut bewegen können und sich sicher fühlen.

Üben Sie diese Übung heute am (frühen) Morgen und/oder am Abend. Sie können auch mehrfach am Tag diese Übung ausprobieren. Sollte dies das erste Mal sein, dass Sie mit der Atem-Meditation Kontakt haben, dann üben Sie sie zu Beginn erst einmal mit der CD. Wenn Sie selbständig ohne CD üben, dann lesen Sie sich die Anleitung vorher durch. Üben Sie die Meditation anschließend bitte nur für einen kurzen Zeitraum. Drei bis fünf Minuten reichen als Einheit. Gerne können Sie mehrfach am Tag ein paar Minuten üben und dann wieder Ihrem Tagewerk nachgehen. Die kurze Übungszeit hält Ihre Aufmerksamkeit stabil. Es ist wie beim Joggen. Ungeübt beginnt man erst mit wenigen Minuten Joggen und macht zwischendurch kleine Gehpausen. Langsam bauen sich dann Kondition und Kraft auf. Genauso ist es auch mit der Ausdauer und Kraft Ihrer Aufmerksamkeit. Wenn Sie schon zu Beginn zu lange meditieren wollen, erschöpfen Sie sich unnötig, und mit der Zeit wird Ihnen die geistige Kraft ausgehen, sich immer wieder auf den Atem zu sammeln. Damit verfangen Sie sich, ohne es zu wollen, schnell in Gedanken und üben sich im Nachdenken und Grübeln, statt zu meditieren. Damit das nicht passiert, lassen Sie es gemütlich angehen. Es reicht vollkommen, kurz zu üben und dann wieder Pause zu machen. Weniger bringt hier wirklich mehr und führt Sie in die Präsenz.

Stille ist Raum

Je mehr sich Ihre Sammlungsfähigkeit ausbildet, umso mehr beruhigen sich Ihre Gedanken. Pausen oder kleine Lücken tauchen zwischen den Gedanken auf. Entspannen Sie sich mehr und mehr in diese Lücken. Lassen Sie die Lücken zwischen den Gedanken größer werden. Locker lassen, entspannen, atmen, loslassen. So öffnet sich zunehmend der Raum der Stille. Dieser Raum ist immer da. Es ist der Raum zwischen einem Ende und einem neuen Anfang. Zwischen einem Atemzug und dem nächsten. Es ist der Raum der Rauhnächte. Der Zwischenzustand.

Finden Sie in Ihrem Tag die Zwischenzustände. Der Moment zwischen Wachen und Schlafen, zwischen Aufstehen und Zähneputzen, zwischen einem gesagten Wort und der Resonanz darauf. Bemerken Sie die Stille, die in diesem Zwischenzustand aufblitzt. Es ist ein kurzer Moment, in dem das, was gerade war, nicht mehr ist, das Neue aber auch noch nicht ist. Die Stille zwischen zwei Atemzügen. Die Tibeter nennen es *Bardo* – Zwischenzustand.

Um dieser Stille des Zwischenzustandes im bewegten Leben auf die Spur zu kommen, möchte ich Sie heute – zusätzlich zur Meditation auf Ihrem Meditationsplatz – einladen, hinauszugehen. Begeben Sie sich bewusst in die belebte weihnachtliche Stadt. Sie können sogar zum Hauptbahnhof oder zu einer quirligen Straße gehen, die Sie selbst als laut bezeichnen und eher meiden würden, wenn Sie Stille suchen, um dort die Stadtmeditation auszuführen.

Die Stadtmeditation

Wenn Sie den belebten Ort erreicht haben, stellen oder setzen Sie sich bewusst dort an eine Stelle, an der Sie einen guten Überblick haben, gut hören können und dennoch so geschützt sind, dass Sie nicht von anderen angerempelt werden oder übermäßig Aufmerksamkeit auf sich ziehen.

Bringen Sie Ihre Aufmerksamkeit zunächst auf Ihren Körper und Ihre Atmung. Spüren Sie sich und Ihren Atem. Zentrieren Sie sich auf den Atemvorgang. Kommen Sie etwas zur Ruhe und auf Ihrem gewählten Platz an. Dann öffnen Sie Ihre Sinne. Schauen Sie bewusst und erkennen Sie das Fließen der Eindrücke. Erkennen Sie die Lücken zwischen den Autos, den Menschen, den Situationen. Dann hören Sie und finden Sie die Lücken zwischen den Geräuschen. Anschließend lassen Sie die Geräusche zu einem Klangteppich ineinanderfließen, ohne eine Unterscheidung zu machen. Versuchen Sie die Stille, die gleichbleibende Konstante über all dem zu erspüren. So wie das Summen des Kühlschranks zu Ihrer Stille werden kann, kann auch der permanente Geräuschpegel der Stadt zu Ihrer Stille werden, gleichbleibend, eine verlässliche Basis.

Stille ist das, was ist, wenn wir nicht dauernd auf jeden Reiz anspringen. Erst wenn wir anfangen, uns zu dem, was geschieht, Geschichten zu erzählen, beginnt die Welt laut zu werden. Es ist dabei nicht die geräuschvolle Welt, die laut ist, sondern unser eigener Geist, der alles kommentiert, beschimpft und kontinuierlich vor sich hin zetert.

Stille in der Welt zu finden bedeutet zu lernen, Raum zu lassen und die Stille in uns selbst wieder zu kultivieren. Die Welt ist die Welt, auf sie haben wir wenig Einfluss. Doch wir haben die Möglichkeit, unsere Art und Weise, auf die Welt zu reagieren, zu beeinflussen.

Der Natur lauschen

Wenn Ihnen die Stadt heute zu viel ist, dann können Sie sich auch gerne in die Natur begeben. Suchen Sie sich einen für Sie guten Platz, an dem Sie sich sicher und wohl fühlen, gut stehen oder sich gar bequem hinsetzen können. Kommen Sie dort über den Atem zur Ruhe. Dann öffnen Sie Ihre Sinne und beginnen Sie, der Natur zu lauschen. Finden Sie auch hier die Zwischenräume, die Stille zwischen einem Ende und einem Anfang, einem Vogelzwitschern und einem Flügelschlag, dem Rauschen der Bäume und der Stille nach der letzten Windböe. Lassen Sie anschließend alles zu einem Gesamten zusammenfließen und entspannen Sie sich in den Klangteppich der hörbar gemachten Stille hinein.

Wenn es für Sie angenehm ist und Sie sich sicher fühlen, können Sie die Naturmeditation auch in der Dunkelheit durchführen.

Die Dunkelmeditation im Wald

Gehen Sie am Abend in den Wald oder auf ein freies Feld. Finden Sie einen sicheren und für Sie gemütlichen Platz. Schalten Sie Ihre Taschen- oder Stirnlampe aus, sollten Sie sie für den Weg gebraucht haben, und erlauben Sie der Dunkelheit, Sie zu umfassen. Die Geschehnisse und die Geräusche in der Dunkelheit sind meist viel intensiver als im Hellen. Unsere Wahrnehmung ist instinktiv schärfer, und wir kommen der uns immer noch innewohnenden tierischen Natur näher. Genießen Sie die Stille dessen, was Sie umgibt. Den samtenen Umhang der Nacht, der alles gleichermaßen ohne Unterschied umfasst und hält: der Ruf der Eule, das ferne Rauschen der Stadt, das Knarren und Ächzen der Bäume. Lücke, Stille, Klangteppich, hörbare Stille. Die Welt atmet, und Sie atmen mit der Welt und finden inmitten all dessen Ihre Stille. Willkommen in der Zwischenzeit, willkommen in der rauhen Nacht. Gehen Sie anschließend langsam nach Hause und bewahren Sie sich den Zauber der Stille in Ihrem Herzen.

Diese heutige Rauhnacht und ihr dazugehöriger Tag dient als Initiationstag in Ihre eigene Stille, die sich mit den nächsten Tagen weiter entfalten wird.

Führen Sie die Atem-Achtsamkeits-Meditation bitte in den nächsten Tagen weiter fort, denn Sie ist für dieses Retreat eine Ihrer Basisübungen, auf der alle anderen Übungen aufbauen. Üben Sie sie möglichst jeden Tag für ein paar Minuten – morgens oder abends, wann immer es für Sie gut ist.

Ich wünsche Ihnen einen wundervollen stillen Tag und eine zauberhafte Nacht!

3. Rauhnacht – 27. Dezember

DAS SEIN ENTDECKEN

Nun ist es schon wieder so weit. Der erste Tag nach den Weihnachtsfeiertagen – die Weihnachtsfeierlichkeiten sind vorbei. Müssen Sie heute schon wieder arbeiten, oder haben Sie noch frei? Als ich heute im Café saß, schnappte ich ein Gespräch auf. Eine Frau erzählte ihrer Freundin, wie wunderbar sie den 27. Dezember findet. Es wäre ein ruhiger Tag, etwas verschlafen. Man könne die Arbeit gemütlicher angehen. Es ist still im Büro. Die meisten Kollegen sind im Weihnachtsurlaub, wichtige Entscheidungen stehen erst wieder nach den Ferien an – ist eh grad keiner erreichbar –, und so kann gemütlich Ordnung geschaffen und Liegengebliebenes abgearbeitet werden.

Für manch andere ist der erste Tag nach Weihnachten ein beliebter Shopping-Tag. Geschenke werden umgetauscht, Gutscheine eingelöst oder Geldgeschenke in Gewünschtes umgewandelt. Doch auch hier läuft alles wesentlich ruhiger ab als noch in den Tagen vor dem großen Fest. Es ist merklich mehr Muße da.

Und dies ist genau die Zeitqualität, die der dritten Rauhnacht innewohnt. Energetisch sind diese Rauhnacht und ihr Tag dem März zugeordnet. In diesem Monat erwarten wir ungeduldig den Frühling. Die Tage werden länger, und am 21. März sind die Tage bereits genauso lang wie die Nächte. Der Frühling beginnt, zumindest astronomisch. Doch Sie wissen so gut wie ich, dass es uns manchmal ganz schön viel Geduld kosten kann, zu warten, bis es wirklich endlich wärmer ist. »Gut Ding will Weile haben«, sagt ein altes Sprichwort. Alles hat seine Zeit. Allem die Zeit zu geben, die es braucht, und dem, was geschieht, lediglich zuzuschauen, entspannt uns und lässt uns an den Wundern der Natur und des Lebens wieder teilhaben. Wir lernen, dass sich viele Prozesse auch ohne unser Eingreifen, ohne unsere Kontrolle bestens entfalten – oder gerade dann, wenn wir sie sich selbst überlassen. Anderes dagegen braucht unsere aktive Fürsorge. Dies müssen wir genau unterscheiden, sonst sorgen wir uns womöglich permanent um alles und tragen die Verantwortung und Last der ganzen Welt auf unseren Schultern. Das erschöpft. Jeden! Nur dort aktiv einzugreifen, wo unsere Unterstützung wirklich nötig und sinnvoll ist, und bei allen anderen Situationen Ruhe zu bewahren und zu lernen, mit dem zu sein, was gerade ist, hilft uns, mit unseren Energien gut zu haushalten. Den Zustand des Seins wiederzuentdecken heilt unser

Gemüt und lässt uns am gegenwärtigen Geschehen wieder teilhaben.

Und so möchte ich Sie dazu einladen, was auch immer Sie heute
vorhaben, ob Sie arbeiten, sich mit Freunden treffen, shoppen gehen, Sport machen, in die Sauna gehen oder einfach für sich alleine
sind, dem Sein wieder mehr Priorität als dem Tun einzuräumen und
diesen Zustand ganz gemütlich zu erkunden. Sie können jederzeit
für sich selbst entscheiden, wie weit Sie sich darauf einlassen. Sie
können eine Sekunde, eine Minute, mehrere Minuten am Stück, ja
sogar den ganzen Tag damit verbringen. Das richtet sich natürlich
auch danach, ob Sie gerade frei haben und sich Ihre Zeit selbst ein-
teilen können oder ob Sie gerade eine Familie zu versorgen haben
und arbeiten gehen müssen.

Das Sein erkunden

Beginnen Sie den heutigen Tag damit, sich mit Ihrem Kaffee oder Tee ans
Fenster zu setzen oder an einen anderen für Sie angenehmen ruhigen Ort.
Bleiben Sie dort mit sich selbst sitzen, ohne etwas zu tun. Denken Sie auch
nicht konkret über etwas nach. Schauen Sie zum Fenster raus, nehmen Sie
wahr, wie sich das Licht verändert, die Dunkelheit von der Dämmerung ab-

gelöst wird, sich die Farben des Himmels verändern. Vielleicht können Sie so lange sitzen bleiben, bis die Sonne ihre ersten Strahlen über den Horizont fließen lässt. Nehmen Sie einfach teil am Sosein der Phänomene. Alles kommt, alles geht, ein jedes in seiner eigenen Zeit. Währenddessen fließt Ihr Atem ein und aus, hält Sie am Leben, ohne dass Sie aktiv etwas dafür tun müssen. Es geschieht einfach für Sie – das ist das Geschenk des Lebens, das Geschenk der Natur, der Schöpfung an Sie.

Muße im Alltag

Setzen Sie sich während des Tages bewusst immer mal wieder für eine oder auch für ein paar Minuten in Ruhe hin und lassen Sie Ihren Blick in die Weite schweifen. Machen Sie eine bewusste Pause inmitten Ihres Tuns. Sitzen Sie einfach da, so als wären Sie die Zierde des Raumes. Mehr nicht. Für diesen Moment haben Sie keine andere Aufgabe. Sie atmen. Das reicht. Anschließend fahren Sie mit Ihrer Tätigkeit wieder fort.

Die Naturmeditation

Machen Sie heute einen kleinen Spaziergang durch die Natur. Gehen Sie langsam. Es mag sein, dass Sie zuerst Ihren üblichen Schritt vorlegen. Verlangsamen Sie Ihr Tempo immer ein bisschen mehr. Finden Sie ein Tempo, das Ihnen ermöglicht, sich im Gehen bewusst zu spüren. Das Abrollen Ihrer Füße, den federnden Waldboden, die Unebenheiten, Ihren Atem. Werden Sie immer langsamer, bis Sie irgendwann stehen bleiben, innehalten und verweilen.

Bleiben Sie stehen und erlauben Sie sich, wirklich in Kontakt mit sich und der Natur zu kommen. Spüren Sie sich inmitten der Bäume oder auf freiem Feld, zwischen Regen, Sonne, Wind und Schneeflocken. Bleiben Sie stehen und seien Sie mit dem, was ist: den Sonnenstrahlen auf Ihrem Gesicht, den prickelnden zarten Schneeflocken auf Ihrer Nase, dem Geräusch des Windes und dem Anblick der Landschaft um Sie herum.

Spüren Sie den Boden unter sich, die Festigkeit, die Ihnen diesen Stand ermöglicht und keinen Unterschied macht, wer Sie sind und ob Sie gerade produktiv sind. Wenn es Ihnen lieber ist, können Sie sich auch hinsetzen oder gar hinlegen. Hauptsache, es ist für Sie stimmig. Werden Sie Teil der Natur. Teil des Ortes, an dem Sie sich befinden. Sie sind genauso Natur wie das Moos auf den Steinen, der Eichelhäher über Ihnen auf dem Ast, die Bäume, der Himmel. Sie gehören dazu.

Die Natur atmet Sie. Sie atmen die Natur. Wir sind im permanenten Austausch. Lassen Sie Ihr ganzes Sein mit dem Ausatmen in die Erde und in den Himmel, in den Wald oder das Feld strömen. Einatmend lassen Sie die Natur um sich herum in Sie hineinströmen. Immer und immer wieder. Werden Sie weit und offen, die Natur und Sie, alles ist untrennbar miteinander verbunden.

Erlauben Sie sich ganz still zu werden und entspannen Sie Ihren Körper vollkommen. Alles ist, alles kommt, alles geht. Verweilen Sie inmitten der Dinge, solange Sie mögen. Und irgendwann, wenn es für Sie stimmig ist, treten Sie ganz langsam den Rückweg an.

Bewahren Sie sich die Erfahrung des verbundenen Seins, solange es Ihnen möglich ist.

Räucherung

Bevor Sie heute Abend Ihre Atem-Meditation üben, geben Sie sich ein wenig Zeit, sich selbst in Rauch zu baden. Sie können dazu wieder den weißen Salbei nutzen, wenn Ihnen der Duft angenehm ist. Alternativ möchte ich Ihnen Palisander – auch Palo Santo, »heiliges Holz«, genannt – vorschlagen. Sein leicht süßer, angenehm duftender Rauch wirkt beruhigend und harmonisierend und gibt ein geborgenes Gefühl. Dies alles können wir gut brauchen, wenn wir uns im Sein üben und uns das vielleicht noch etwas verunsichert. Brennen Sie ein kleines Stückchen an, und dann fächern Sie sich den Rauch über Ihr Gesicht und Ihren ganzen Körper und noch mal über Ihr Gesicht.

Üben Sie sich anschließend in der Achtsamkeits-Meditation auf Ihren Atem.

Schreiben Sie vor dem Schlafengehen noch ein paar Beobachtungen und Gedanken zum heutigen Tag in Ihr Notizbuch.

4. Rauhnacht – 28. Dezember

GELASSENHEIT EINLADEN

Die heutige Rauhnacht steht für den April. Wenn wir uns den April in seiner unberechenbaren Wechsellaune bewusst machen, brauchen wir oft viel Gelassenheit, um diese ständigen Wetterschwankungen gut durchzustehen. Nichts ist sicher. Alles verändert sich – dauernd. Und genau diese Veränderungen sind es, die aus dem Winter den Frühling werden lassen. Wir brauchen den Wandel, damit Neues entstehen und geschehen kann, das stimmiger und zeitgemäßer ist als bestehende Situationen, die sich überlebt haben.

Wie gehen Sie mit der permanenten Vergänglichkeit um? Ängstigt sie Sie? Halten Sie lange an Altem fest, selbst wenn es an der Zeit ist, weiterzugehen? Oder freuen Sie sich eher über den frischen Wind in Ihrem Leben und die neuen Impulse, die durch Veränderungen entstehen?

Wahrscheinlich wird es eine individuelle Mischung sein, in der Neugier, Mut oder Furcht mehr oder weniger ausgeprägt sind. Veränderungen bringen meist beide Qualitäten des Lebens mit sich: Freude über das Neue und Trauer über den Verlust des Liebgewonnenen oder einfach gewohnten Alten. Durchaus kann auch Angst oder Ärger auftreten, wenn das Neue nicht unserem Lebenskonzept oder den Erwartungen entspricht.

Die Rauhnächte helfen uns, mit diesen Gefühlen in Kontakt zu kommen, denn diese Tage haben etwas Offenes. Sie sind eine Übergangszeit: Das alte Jahr geht, Silvester steht kurz bevor, aber das neue Jahr ist noch nicht da. In diesem »Zwischenbereich« können sich Unsicherheiten und Ängste zeigen, zuweilen auch in der bangen Frage: Was kommt wohl auf mich zu?

Inmitten der Unsicherheit gelassen zu bleiben kann helfen, innere Ruhe und Wohlbefinden zu bewahren, auch wenn die Zeiten alles andere als sicher für uns sein mögen. Wenn wir genau hinschauen, sehen wir, dass jede Zeit von Umbrüchen geprägt ist. Das ist nichts Besonderes, sondern für die Geschichte unseres Planeten normal. Je mehr bewegliche Parameter sich auf der Erde tummeln, umso größer ist die Wahrscheinlichkeit von Bewegung. Je mehr Medien wir zur Verfügung haben, mit denen diese Veränderungen in Endlosschleifen 24 Stunden rund um die Uhr in die Köpfe der Menschen transportiert werden können, umso stärker ist unser Eindruck, dass ständig und wesentlich mehr als früher Schlimmes auf der Welt passiert.

Wir werden diese Dauerinformation nicht verändern können, aber es liegt an uns, damit einen Umgang zu finden, der uns gesund, kraftvoll und handlungsfähig erhält. Genau genommen stresst uns die Überinformation der heutigen Zeit mehr, als dass sie uns nützt. Und manchmal macht sie uns sogar krank. Nichts gegen Information. Doch unser Gehirn bekommt im wahrsten Sinne des Wortes die Krise, wenn es permanent mit Katastrophenszenarien konfrontiert wird und nichts, aber auch gar nichts dagegen tun kann. Es verfängt sich dann in einer Stress-Endlosschleife und macht uns psychisch wie körperlich extrem labil. Ich habe bereits Menschen in meiner Praxis, die mittlerweile so große Angst haben, dass sie nicht mehr unterscheiden können, ob eine Bedrohung real oder fiktiv ist, und extreme Symptome von Langzeitstress aufweisen, obwohl ihr persönliches Leben dazu keinerlei greifbaren Anlass gibt.

Ich weiß nicht, wie es Ihnen geht: Sind Sie eher ruhig, zentriert und zuversichtlich und schauen Sie mutig in Ihre Zukunft, oder fühlen Sie sich verloren, ängstlich oder wütend?

Dieses Rauhnachts-Retreat wird nichts an den äußeren Gegebenheiten der sich permanent wandelnden Welt verändern, doch es kann Ihnen mehr und mehr Kraft und eine Neuausrichtung geben, damit Sie besser mit den Herausforderungen der Zeiten umgehen können.

In den vergangenen Retreat-Tagen haben Sie bereits Werkzeuge kennengelernt, die Ihnen helfen, sich zu zentrieren. Darauf aufbauend möchte ich mit Ihnen jetzt in das Thema der Gelassenheit eintauchen. Was bedeutet Gelassenheit eigentlich? Heißt es, ab jetzt keine eigene Meinung mehr zu vertreten und sich nicht mehr aufzuregen oder gegen etwas anzugehen? Nein. Es bedeutet eher, dass wir eine weise Entscheidung treffen und aufhören, gegen etwas zu Felde zu ziehen, das sich unserem Einflussbereich vollkommen entzieht, und dass wir unsere Energie eher dort einsetzen, wo wir wirklich etwas bewirken können. Wir können die Welt im Großen vermutlich nicht verändern und schon gar nicht kontrollieren. Doch wir können in unserem Leben mit den Menschen, die uns umgeben, und mit unserer Arbeit liebe- und verantwortungsvoll umgehen und damit unseren Beitrag für Frieden, Klarheit und Ehrlichkeit in der Welt leisten.

Die Dinge verändern sich nicht immer unseren Vorstellungen gemäß, und ihre Veränderungen unterliegen nur in einem sehr begrenzten Maße unserem Einfluss. Ob es uns gefällt oder nicht, alles ist vergänglich. Manches können wir hinauszögern, doch wir können es nicht verhindern. Versuchen wir dies dennoch, werden wir selbst bei größter Anstrengung früher oder später scheitern. Lehnen wir uns gegen diese Tatsache auf, versuchen wir wider die Natur zu arbeiten, erschöpfen wir uns selbst, werden ärgerlich, traurig, frustriert. Erkennen wir an, dass die Vergänglichkeit zu unserem Leben dazugehört, können wir Frieden mit ihr schließen. Wir hören auf, uns unangemessen damit zu beschäftigen. Wir tun, was getan werden muss, doch wir sind wesentlich gelassener und friedvoller im Umgang mit der Tatsache der Vergänglichkeit und auch der Unberechenbarkeit.

»Gelassen« ist die Vergangenheitsform von lassen. Ich habe es gelassen. Ich nehme es nicht mehr auf. Es ist, wie es ist. In diesem profunden Seinlassen, wie es ist, und es nicht mehr aufzugreifen oder kontrollierend eingreifen zu wollen, entsteht ein Gefühl von innerer Gelöstheit. Es ist ein Entspannungszustand. Diese Entspannung wird nicht aktiv durch eine Entspannungsübung herbeigeführt, sondern sie ist die natürlich eintretende Konsequenz oder Reaktionsweise unseres Organismus auf dieses Lassen. Dies möchte ich Ihnen mit der folgenden Übung erfahrbar machen:

Das Loslassen erfahren

Suchen Sie sich etwas, was Sie gut in die Hand nehmen können, beispielsweise einen Kieselstein, einen Tennisball oder auch einen ineinander verknoteten Socken. Umschließen Sie diesen Gegenstand mit Ihrer Hand und drücken Sie so fest zu, wie Sie können. Halten Sie diese Spannung für gut eine Minute, wenn Sie wollen auch länger. Spüren Sie die Spannung bewusst. Wo überall können Sie sie spüren? Überprüfen Sie auch Ihr Gesicht.

Dann verringern Sie den Druck, lösen ihn schließlich vollkommen auf und legen den Gegenstand ab. Nehmen Sie bewusst wahr, was sich in Ihrer Hand tut, was können Sie fühlen. Warten Sie ab, was alles geschieht, und beobachten Sie. Es ist anstrengend, dauernd etwas festzuhalten, oder?

Jetzt nehmen Sie den Gegenstand noch einmal auf. Halten Sie ihn fest, spüren Sie die Spannung. Nun drehen Sie die Hand so um, dass Ihr Handrücken nach unten zeigt. Verringern Sie die Handspannung immer mehr, bis sich Ihre Hand öffnet. Obwohl Sie Ihren Klammergriff gelöst haben, verweilt der Gegenstand.

Nicht immer müssen wir etwas umklammert haben, damit es verweilt. Nun ist Raum da …

Was können Sie noch beobachten und für Schlüsse ziehen?

Was würde es für Ihr Leben bedeuten, wenn Sie diese Erfahrungen jetzt auf Ihre jeweiligen Lebenssituationen übertragen würden? Was würde sich verändern? Machen Sie sich dazu ein paar Notizen.

Wünschen und beten

Gelassenheit bedeutet, Kontrolle loszulassen. Solange Sie versuchen, alles zu kontrollieren, werden Sie es schwer haben, loszulassen und damit Gelassenheit zu erfahren. Die Rauhnachtszeit ist eine wunderbare Zeit für Gebete und Wunschrituale. Gebete helfen uns, uns – über unseren alles kontrollieren wollenden kleinen Geist hinaus – mit etwas zu verbinden, das größer ist als wir selbst. Die einen nennen dies Gott oder Göttin, andere beten zu Engeln oder Schutzheiligen, Buddha oder Boddhisattvas oder einfach zu der allumfassenden Energie des Universums. Was auch immer Ihr persönlicher Bezugsrahmen ist: Die Rauhnächte sind eine Zeit, in der die Schleier zwischen den Welten sehr dünn sind. So sind sie nicht umsonst von jeher eine Zeit des Wünschens und Betens, in der viele unerklärliche Wunder geschehen können, für die unsere Ratio nicht immer eine logisch nachvollziehbare Erklärung parat hat.

Und so möchte ich Sie heute zu einem ersten Wunschritual einladen. Sie brauchen dafür ein Teelicht, ein sauberes Glas (in das Sie später das Teelicht zum sicheren Weiterbrennen stellen können), etwas Weihrauch und Ihr Räuchergefäß.

Das Wunschritual mit Teelicht

Entzünden Sie den Weihrauch und räuchern Sie sich damit ab. Stellen Sie ihn anschließend zur Seite, beispielsweise auf Ihren Altar, und lassen Sie ihn ausglimmen. Kommen Sie auf Ihrem Meditationsplatz zur Ruhe, das Teelicht griffbereit neben sich, jedoch ohne es zu berühren. Schließen Sie Ihre Augen. Ihr Atem fließt ein und aus, so wie Ihr Körper gerade atmen möchte. Zentrieren Sie sich bei Ihrem Atem und entspannen Sie mit jedem Atemzug ein bisschen mehr. Nach ein paar Minuten der Ruhe lösen Sie sich vom Atem und richten Ihre Aufmerksamkeit darauf aus, wonach Sie sich gerade in Ihrem Leben sehnen. Was wünschen Sie sich? Wie wollen Sie sich im allerbesten Fall fühlen? Was möchten Sie erleben? Was soll sein? Es braucht nichts Spektakuläres zu sein. Nehmen Sie das Erste, was kommt, das ist meist das, was Sie wirklich wollen, unzensiert vom Verstand.

Und nun stellen Sie sich vor, es sei bereits eingetreten. Stellen Sie sich so plastisch wie möglich vor, wie es auf wunderbare Weise in der optimalen Form in Ihrem Leben eingetreten ist. Stellen Sie sich vor, wie Sie sich dann im schönsten Falle fühlen.

Lassen Sie dieses wunderbare Gefühl größer und größer werden, und in dem Moment der größten gefühlten Intensität nehmen Sie das Teelicht auf und geben diese Gefühle durch die Hände in die Kerze. Sie können die Kerze auch an Ihr Herz halten, wenn hier die Intensität höher ist.

Und nun öffnen Sie die Augen und entzünden das von Ihrer Gefühlsenergie durchdrungene Teelicht und geben es in das Kerzenglas. Legen Sie Ihre Hände in Gebetshaltung aneinander, und sprechen Sie ein für Sie stimmiges kleines Gebet, wie beispielsweise: »Lieber Gott / Liebe Göttin (setzen Sie ein, was immer Ihnen entspricht), möge dieser Wunsch in Übereinstimmung mit den Gesetzmäßigkeiten der Welt und zum Wohle aller Wesen bestmöglich und vollkommen stimmig in Erfüllung gehen. Danke schön. Amen.«

Kehren Sie auf Ihren Meditationsplatz zurück. Atmen Sie tief ein, spannen Sie Ihren Körper an und dann lassen Sie ausatmend alles locker. Lassen Sie den Atem tief und lang ausfließen und entspannen Sie Ihren Körper immer tiefer. Lassen Sie das, was war, was ist und was sein wird, mit dem Ausatmen los. Bleiben Sie so noch einen kurzen Moment in Stille mit sich sitzen und beenden Sie dann die Meditation.

Stellen Sie das Glas mit dem Teelicht auf Ihren Altar, wenn es dort nicht bereits schon steht, und lassen Sie es dort ausbrennen. Wenn Sie es aus irgendeinem Grund vorzeitig löschen möchten, dann drücken Sie die Flamme aus oder ersticken Sie sie. Bitte nicht auspusten! Wenn Sie dann die Flamme wieder entzünden, vergegenwärtigen Sie sich noch einmal die wundervollen Gefühle, und zünden Sie, begleitet von dieser kraftvollen positiven Gefühlsenergie, die Kerze erneut an. Wenn Sie mögen, können Sie auch das Gebet wieder sprechen. Anschließend atmen Sie aus, lassen los und gehen wieder Ihrem Tag nach.

5. Rauhnacht – 29. Dezember

FÜLLE ERLEBEN

Guten Morgen! Wie haben Sie geschlafen, und wie fühlen Sie sich? Notieren Sie gleich ein paar Überbleibsel Ihres nächtlichen Traumes und Ihre Gefühle, die jetzt vielleicht auch noch etwas in Ihnen nachhallen.

Heute, zur fünften Rauhnacht, sind wir im Jahresverlauf beim Wonnemonat Mai angekommen – dem Monat des vollen Frühlings. Die Bäume haben bereits ihr Blätterkleid entwickelt, und überall blüht und grünt es. Die Sonne ist schon kräftig, und die Temperaturen können durchaus auch gelegentlich mal hochsommerlich werden. Während der April mit seinen Wetterschwankungen noch ein Spiel mit uns treibt, fällt im Monat Mai endgültig die Bürde des Winters von uns ab. Das Leben wird wieder leichter.

Auch wenn wir gerade die Wintersonnenwende erlebt haben und uns damit offiziell immer noch am Beginn des Winters befinden, soll uns dieser Tag daran erinnern, dass selbst die dunkelste Zeit wieder vorübergeht und Wärme und Licht auch in unserem Leben wieder Einzug halten werden. Der kürzeste Tag und die längste Nacht sind bereits Vergangenheit. Noch vielleicht unmerklich, doch ab jetzt wird das Licht jeden Tag etwas zunehmen. Und mit dem Licht werden auch wieder Zuversicht und Freude wachsen.

Der fünfte Rauhnachtstag soll uns an die Fülle erinnern: die Fülle, die wir im Vollfrühling mit all seinen Düften und Farben erleben können. Und so möchte ich Sie heute dazu einladen, sich der Fülle Ihres Lebens wieder bewusster zu werden, ja sie regelrecht zu feiern und auch andere daran teilhaben zu lassen.

Zuallererst möchte ich Sie ermutigen, es sich für die kommende Reflexionsübung richtig gemütlich zu machen. Kochen Sie sich einen leckeren Tee oder Kaffee, entzünden Sie eine Kerze oder vielleicht auch die Kerzen Ihres Weihnachtsbaums. Stellen Sie entspannende Musik an und legen Sie auch Ihr Notizbuch zurecht.

Sich der Fülle im Leben bewusst werden

Wenn alles bereit ist, setzen Sie sich gemütlich hin und kommen Sie zur Ruhe. Vielleicht möchten Sie die Augen schließen oder lieber zum Fenster hinausschauen. Ganz wie Sie mögen. Es soll Ihnen angenehm sein und Ihnen helfen, sich auf die Zeit mit sich selbst einzustimmen. Wenn es sich dann für Sie stimmig anfühlt, wenden Sie sich bewusst der Betrachtung Ihres Lebens zu. Wofür sind Sie dankbar? Wie zeigt sich Fülle in Ihrem Leben? Was besitzen Sie? Was davon haben Sie, was andere vielleicht nicht haben? Was macht Sie glücklich? Was lässt Sie sich sicher fühlen? Gibt es heute in Ihrem Leben jemanden oder etwas, wofür Sie dankbar sind, was Sie früher vielleicht vermisst haben? Das kann auch eine Fertigkeit oder Erfahrung sein. Gehen Sie durch alle Ihre Lebensbereiche: Arbeit, Freunde, Partnerschaft, Sexualität, Familie, Gesundheit, Sport und Hobbys, materieller Besitz. Manchmal ist es auch etwas, was wir nicht (mehr) haben, worüber wir sehr dankbar sein können, da es uns die Fülle der Möglichkeiten und der Freiheit schenkt. Denken Sie auch ruhig an kleine Dinge, die Ihnen möglicherweise ganz selbstverständlich erscheinen. Was immer Ihnen in den Sinn kommt, schreiben oder zeichnen Sie alles auf: geordnet oder durcheinander, als Liste oder Mindmap. Die Form ist nicht wichtig, und es braucht nicht vollständig zu sein. Sie können diese Liste oder Mindmap in den kommenden Tagen jederzeit ergänzen, wenn Sie mögen.

Nun schauen Sie auf Ihre Liste oder Mindmap. Was sehen Sie? Was löst es in Ihnen aus, wenn Sie sich wirklich bewusst machen, dass all das in Ihrem Leben ist? Erstaunen? Freude? Dankbarkeit?

Lassen Sie diese Gefühle der Freude und Dankbarkeit ruhig in Ihnen größer werden. Sie dürfen sich aus ganzem Herzen freuen, und Sie dürfen auch stolz darauf sein, wenn Sie etwas erreicht haben in Ihrem Leben! Das ist etwas Wunderbares! Lassen Sie alle positiv belegten Gefühle zu. Stärken Sie Ihre Freude, bis sie überfließt. Und wenn daraus innerlich der Wunsch entsteht, dass auch alle anderen solche Freude für sich erleben und genießen können, dann lassen Sie auch diesen wundervollen großzügigen Gedanken zu.

Die Fülle auf den Weg bringen

Wenn Sie mögen und diesem Gedanken Ausdruck verleihen wollen, dann möchte ich Sie inspirieren, Ihre Hände vor Ihrer Brust in Gebetshaltung aneinanderzulegen und aus der Fülle Ihres Herzens die folgenden Worte zu sprechen:

Mögen alle überall glücklich, gesund und sicher sein.
Mögen wir alle in Frieden miteinander sein.

Mögen wir alle die Fülle der Welt erleben, uns an ihr erfreuen, sie genießen und miteinander in Frieden teilen.
Amen.

Uns gegenseitig Glück und Wohlergehen zu wünschen schafft ein freudvolles, großzügiges und friedliches Herz sowie wohlwollende Fülle und eine Grundlage für nährende Beziehungen.

Statt nur zu nehmen oder Angst zu haben, etwas zu verlieren, beginnen wir entspannt und liebevoll zu sein und zu geben. Es muss nicht immer etwas Materielles sein, was wir geben, häufig reichen echte menschliche Zuneigung und Anteilnahme. Ein freundliches Wort, ein Blümchen vom Wegesrand, eine tröstende Hand auf der Schulter. Das Gefühl, anerkannt und gesehen zu werden, kann so viel bewirken. Freude und Dankbarkeit heilen uns selbst und andere. Sie heilen die Vergiftungen, die durch Eifersucht und Missgunst, Verlustangst und Hass entstanden sind. Im Endeffekt geht es uns Menschen immer darum, glücklich und sicher zu sein und Unglück und Leid zu vermeiden. Es bricht uns kein Zacken aus unserer Glückskrone, wenn wir dieses Glück, Wohlgefühl und die Sicherheit uns und auch anderen aus ganzem Herzen wünschen.

Selbst wenn Sie gerade nur ganz, ganz wenig Glück gefunden haben und eher das Gefühl haben, mit leeren Händen und leerem Herzen dazustehen, beginnen Sie trotzdem, die Freude über das, was Sie haben, wachsen zu lassen. Schauen Sie nicht auf das, was Ihnen vermeintlich fehlt, sondern auf das, was Sie haben. Wertschätzen Sie das, was Sie haben, und lassen Sie dieses Gefühl groß werden. Fülle ist ein inneres Gefühl und hängt nicht von Besitztümern ab. Je mehr Sie sich in dem Gefühl der Fülle bewegen, umso reicher und beschenkter werden Sie sich fühlen. Ihr ganzes Energiefeld, Ihr ganzes Sein nimmt so die Färbung der Fülle an.

Das Fülle-Natur-Ritual

Bereiten Sie eine kleine Futterspende für die Tierwelt vor, bestehend aus kleingeschnittenen Äpfeln und Möhren, Haferflocken, Nüssen und Kernen. Legen Sie alles unter einem für Menschen abgeschiedenen Baum oder Strauch aus. Lassen Sie über diese Futterspende die Natur und alle ihre Wesen an der Fülle teilhaben. Wenn Sie mögen, können Sie auch Vogelfutter ausstreuen oder Meisenknödel aufhängen. Wünschen Sie innerlich allen Lebewesen einen gesegneten Appetit und einen gesunden Winter.

Das Fülle-Indoor-Ritual

Sammeln Sie symbolhafte Gegenstände, die Ihre Fülle in den jeweiligen Bereichen darstellen. Das können Kleeblätter sein, Blüten, Münzen, Kristalle oder Schmuck, eine Schale klaren sauberen Trinkwassers, Duftessenzen oder Parfüm, Sammelobjekte aus dem letzten wunderschönen Urlaub, Bilder von lieben Menschen und auch Nahrung wie Pralinen oder irgendetwas anderes für Sie Kostbares und sehr Leckeres. Arrangieren Sie dies alles ansprechend auf einem flachen Teller oder einer Platte und machen Sie sich derweil bewusst, wofür die einzelnen Objekte jeweils stehen. Lassen Sie sich von der Fülle und der Dankbarkeit darüber, dass sie in Ihrem Leben sind, berühren und erfüllen. Entzünden Sie inmitten dieses Arrangements ein Teelicht in einem Glas und stellen Sie all dies auf Ihren Altar. Verbinden Sie sich mit dem Göttlichen, legen Ihre Hände in Gebetshaltung aneinander und bedanken sich mit Ihren eigenen Worten voller Freude für das Dasein der Fülle Ihres Lebens. Sie können anschließend gerne auch noch mal die Wünsche aussprechen:

Mögen alle überall glücklich, gesund und sicher sein.
Mögen wir alle in Frieden miteinander sein.
Mögen wir alle die Fülle der Welt erleben, uns an ihr erfreuen, sie genießen und miteinander in Frieden teilen.
Amen.

Zünden Sie anschließend ein Räucherstäbchen an und lassen Sie es abbrennen.

Ich wünsche Ihnen gesegnete Fülle!

6. Rauhnacht – 30. Dezember

DAS HERZ EINLADEN

Nun sind wir in der Mitte der Rauhnächte angekommen und damit in der Mitte des Jahreskreises. Wie geht es Ihnen? Sind Sie schon ein wenig zur Ruhe gekommen? Wie erleben Sie sich und diese Zeit? Vielleicht verändert sich Ihr Zeitgefühl, und Sie werden langsamer, spüren mehr. Manche Menschen werden auch »dünnhäutig«. Längst verdrängte Themen können auftauchen und Sie beschäftigen. Das ist gut so! Ihre Seele gibt frei, was immer gerade dran ist, damit Sie es noch mal anschauen und ablegen können. Es ist ein ganz sanfter Prozess, der sich in seiner eigenen Zeit ergibt. Lassen Sie die Gedanken und Gefühle immer mal wieder aufsteigen, sinnieren und spüren Sie. Danach wenden Sie sich wieder anderem zu. Sie brauchen sich nicht absichtlich mit diesen Gedanken und Gefühlen auseinanderzusetzen und schon gar nicht zu grübeln oder tief analytisch darin einzutauchen. Lassen Sie vielmehr die Gedanken fließend kommen und gehen, ohne an ihnen kleben zu bleiben. Ihre Seele befindet sich bereits in einem Verarbeitungs-prozess. Geben Sie dem, was sich zeigt, zwischendurch nur immer wieder Raum – zum Beispiel, indem Sie zum Fenster hinaus in den Himmel schauen oder spazieren gehen. Vielleicht mögen Sie sich ein paar Gedanken aufschreiben. Das kann Ihnen helfen, klarer und bewusster zu werden. Es geht auf den Jahreswechsel zu – eine gute Zeit für Reinigungsprozesse der Seele. Wenn Sie mögen, schreiben Sie die Themen auf, die Sie beschäftigen und von denen Sie sich gerne verabschieden möchten. Diese Notizen können Ihnen in der 11. Rauhnacht möglicherweise Themen für Ihr Wandlungsritual bieten.

Wenden wir uns dem heutigen Tag zu: Er steht für den Monat Juni, den Übergang vom Hochfrühling in den Sommer. Das Licht erreicht seinen höchsten Stand am 21. Juni zur Mittsommernacht – die kürzeste Nacht und der längste Tag –, das helle Gegenstück zur Wintersonnenwende des 21. Dezembers, die wir gerade hinter uns gelassen haben. Die Mittsommernacht, auch Sommersonnenwende genannt, markiert den Eintritt in die Sommerzeit, zugleich aber auch das Abnehmen des Lichtes und den Anfang der dunklen Zeit des Vergehens.

Wir sind in die Kreisläufe der Natur und des Lebens eingebettet. Nichts bleibt, alles verändert sich. Der Lauf der Sonne und die

Mondphasen, das Licht und die Dunkelheit erinnern uns daran, dass Wandlungen in der Natur der Welt liegen – und in unserer eigenen Natur. *Wo Licht ist, ist auch Schatten,* besagt ein altes Sprichwort. Es ist immer in allem alles vorhanden – mal ist das eine sichtbarer, mal das andere, dennoch ist immer alles da. Das eine gefällt uns, das andere nicht. Wir erleben Freude und kurze Zeit später ärgern wir uns oder sind traurig, dass das Schöne wieder vergangen ist. Vielleicht suchen wir nach Fehlern, versuchen zu optimieren, doch selbst das kann die Vergänglichkeit nicht aufhalten. Wir erschöpfen uns selbst im Wettlauf gegen die Natur. Das löst bei manchen Menschen Angst und Verzagtheit aus, ja sogar Resignation. Andere werden wütend und befinden sich kontinuierlich auf dem Kriegspfad gegen die Welt.

Heute möchte ich Sie einladen, einen alternativen Weg zu finden, mit der unweigerlichen Vergänglichkeit umzugehen, und somit zu lernen, mit allem zu sein, was geschieht, ohne daran zu zerbrechen: Kommen Sie in Ihr Herz!

Ihr Herz ist der Ort, der wahrscheinlich am meisten schmerzt, wenn etwas Liebgewonnenes sich wandelt. Viele Menschen verschließen in solch einem Fall ihr Herz, in der Hoffnung, dass der Schmerz abnimmt. Doch ist das so? Wird er wirklich schwächer oder vielleicht sogar stärker? Uns von allem zurückzuziehen, unser

Herz zu verschließen und uns selbst unberührbar zu machen, gibt uns nicht wirklich Sicherheit. Im Grunde schneiden wir uns dadurch nur von der Welt ab – nicht nur von dem Unangenehmem, sondern auch von allem Schönen, das uns berühren muss, damit wir es wahrnehmen können.

Das Herz in einem schmerzlichen Moment offenzuhalten lässt den Schmerz leichter aus ihm entweichen und auch das, was uns freuen kann, wieder ins Herz hineinfließen. Ich möchte Ihnen eine Körperübung angelehnt an eine Übung aus dem tibetischen Heil-Yoga vorstellen, die Ihnen helfen kann, die körperlich empfundene Enge des Brustkorbs und des Herzraums ein wenig zu weiten und Ihr Herz zu öffnen. Schauen Sie einfach, was während der Übung in Ihnen geschieht.

Sollten Sie Rückenprobleme haben oder schwanger sein, lassen Sie diese Übung bitte aus!

Sanfter Herzöffner

Setzen Sie sich in den Schneidersitz oder mit lang ausgestreckten Beinen auf den Boden. Stützen Sie sich nun mit der rechten Hand auf dem Boden neben sich ab, heben einatmend den linken Arm über die Seite gestreckt nach oben bis über Ihren Kopf und beugen ausatmend Ihren Oberkörper nach rechts hinüber. Sie dehnen so Ihre linke Körperseite. Ihr Gewicht ruht auf dem rechten Arm.

Wenn es angenehm für Sie ist und Sie die Dehnung verstärken wollen, beugen Sie den rechten Arm etwas. Atmen Sie dabei ruhig und gleichmäßig durch Mund und Nase. Regulieren Sie die Intensität der Dehnung nach Ihrem Empfinden. Führen Sie die Übung so aus, dass sie angenehm für Sie ist.

Verweilen Sie in der Dehnung und atmen Sie natürlich weiter. Lassen Sie mit jedem Einatmen die linke Seite sich immer weiter öffnen. Sie bestimmen, wie lange Sie in dieser Position bleiben.

Wenn Sie die Übung beenden möchten, dann strecken Sie den rechten Arm wieder durch, richten sich langsam auf und lassen zum Schluss den linken Arm absinken. Lassen Sie Ihre Hände auf den Oberschenkeln oder in Ihrem Schoß zur Ruhe kommen. Spüren Sie nach.

Wiederholen Sie die Übung anschließend auf der anderen Körperseite.

Machen Sie diese Dehnungsübung für jede Körperseite dreimal. Anschließend kommen Sie vollständig zur Ruhe. Beobachten Sie, was Sie nach der Übung im Körper spüren können. Lassen Sie Ihren Atem fließen und alles, was an Empfindungen auftaucht, kommen und gehen.

Wie hat diese Übung auf Sie gewirkt? Menschen reagieren sehr unterschiedlich darauf. Die einen spüren einfach nur eine angenehme

Dehnung. Andere weinen ein bisschen oder fühlen sich einfach nur heller, weiter und wohler. Schauen Sie, was bei Ihnen passiert.

Die Übung bewirkt eine Öffnung des Herzraumes, der bei uns manchmal ziemlich verengt ist. Dadurch werden auch – als eine Art Heilreaktion – im sogenannten Muskelpanzer eingekapselte Emotionen wieder in Fluss gebracht, was sich als Weinen äußern kann. Wenn das geschieht, lassen Sie es zu und vorübergehen.

Nun möchte ich Sie einladen zu einer kleinen Herzens-Meditation, die Ihr Mitgefühl für sich selbst stärken kann und Ihnen hilft, sanfter und liebevoller mit sich umzugehen. Bitte machen Sie es sich für diese Meditation so gemütlich und kuschelig wie möglich. Viel Freude dabei!

Die Herzens-Meditation

Kommen Sie in Ihrer gewählten Position zur Ruhe. Entspannen Sie Ihren Körper. Lassen Sie nach und nach alle Muskeln locker. Ihr Atem kommt und geht – genauso wie Gedanken kommen und gehen. Bleiben Sie mit Ihrer Aufmerksamkeit ganz sanft bei Ihrem Atem. Was immer gerade ist, darf sein. Wie immer es Ihnen gerade geht, Sie dürfen so sein. Atmen Sie mit sich ein und aus.

Manchmal ist das Leben schwer, manchmal ist es ganz leicht, und manchmal stecken wir irgendwo dazwischen. Das ist einfach so.

Und nun nehmen Sie mit sich ganz freundlich, ganz liebevoll Kontakt auf. Wenden Sie sich bewusst sich selbst zu, so wie Sie sich um eine liebe Freundin oder Ihr Kind kümmern würden. Schauen Sie sich innerlich ganz liebevoll, warm und freundlich an. Sehen Sie sich? Nun legen Sie sich sanft eine Hand oder auch beide auf die Mitte Ihres Brustraums, Ihren »Herzraum«. Spüren Sie die Berührung Ihrer Hände. Spüren Sie ihre Wärme. Lassen Sie Ihre Aufmerksamkeit auf diesen Empfindungen ruhen und atmen Sie damit.

Nun schenken Sie sich einen freundlichen, mitfühlenden Wunsch. Einen Wunsch, den Sie nur für sich selbst aussprechen – der Ihnen hilft, wohlwollender mit sich umzugehen, und der Sie an das heilsame Potenzial des sich immer wieder wandelnden Lebens erinnert. Zum Beispiel:

»Möge ich kraftvoll sein.«

»Möge ich sicher sein.«

»Möge ich glücklich sein.«

»Möge ich friedvoll und ruhig sein.«

»Möge ich geduldig und gelassen sein.«

»Möge ich stimmige Lösungen finden.«

»Möge ich mich liebevoll begleiten.«

Ein Wunsch genügt schon. Es kann auch einfach nur ein Wort sein, wie »Frieden«, »Ruhe«, »Gelassenheit«, »Wärme«, »Liebe«.

Lassen Sie diesen Wunsch – oder dieses Wort – mit dem Atem strömen. Sie brauchen ihn nicht laut auszusprechen. Flüstern Sie ihn oder sprechen Sie ihn in Ihren Gedanken vor sich hin.

Wiederholen Sie Ihren guten Wunsch für sich selbst, bis Sie das Gefühl haben, dass der Prozess für diesen Moment abgeschlossen ist.

Nun lösen Sie langsam und vorsichtig Ihre Hände von der Brust. Verweilen Sie noch einen Moment in Stille.

Nehmen Sie einen tiefen Atemzug und beenden Sie nun Ihre Meditation.

Wann immer Sie im Alltag, auch außerhalb der Rauhnachtszeit, von sich und Ihrem Lebensdrama überwältigt werden, gönnen Sie sich einen Moment der Stille. Kommen Sie zu sich, atmen Sie ein und aus. Legen Sie Ihre Hände auf Ihr Herz und wünschen Sie sich, was immer Sie brauchen. Atmen Sie wieder ein und aus. Dann machen Sie mit Ihrem Tagewerk weiter.

Wenn Sie möchten, können Sie diese Wünsche auch als Gebet formulieren. Verbinden Sie sich mit Ihrer Ihnen nahestehenden spirituellen Kraft, mit dem universal Göttlichen, rufen Sie diese Kraft an und formulieren Sie Ihre Wünsche als Gebet. Finden Sie Ihre eigene Formulierung und Art und Weise, Ihren Wünschen für Sie selbst Kraft zu verleihen.

Die herzöffnende und befriedende Wirkung der Körperübung

und Meditation können Sie noch durch eine Räucherung unterstützen. Ob Sie mit der Räucherung beginnen oder sie zum Schluss durchführen oder an einem ganz anderen Moment Ihres Tages, möchte ich bewusst Ihnen überlassen. Die einen mögen keinen Rauch bei der Körperübung (ich gehöre dazu), andere lieben es, die Nächsten empfinden den Kontakt zum Göttlichen durch die Räucherung intensiver, wieder andere können sich dabei nicht konzentrieren. Von daher: Wählen Sie selbst!

Herzöffnende Räucherung

Für den heutigen Tag möchte ich Ihnen eine Räucherung mit Rosenblättern und Lavendelblüten vorschlagen. Legen Sie alle Räucherutensilien bereit. Wenn Sie ein Räucherstövchen mit einem feinen Kräutersieb haben, dann entzünden Sie zunächst ein Teelicht darunter. Falls Sie mit einer Räucherschale arbeiten, entzünden Sie Räucherkohle, bis sie gut durchgeglüht ist und außen weiße Asche zeigt.

Dann nehmen Sie die Blüten, die Sie gerne in Rauch umwandeln möchten, in Ihre Hand. Spüren Sie die Blüten, atmen Sie ihren Duft ein, wissend, dass sie den Sommer enthalten und die Sonne und ihre Kraft in ihren Blüten und ihrem Duft gespeichert haben. Bitten Sie die Blüten, Sie zu unterstützen. Bedanken

Sie sich bei ihnen und legen Sie sie vorsichtig und in kleiner Menge auf das Sieb oder die Kohle. Lassen Sie den Rauch aufsteigen und fächern Sie sich den fein duftenden aromatischen Rauch über Ihr Gesicht und Ihren ganzen Körper. Baden Sie im Sommer und im Licht. Stellen Sie sich vor, wie sich Blüten in Ihrem Herzen öffnen und von der Sonne durchstrahlt werden.
Bedanken Sie sich noch einmal bei den Blüten, dass sie Sie unterstützt haben, und lassen Sie den restlichen Rauch die Atmosphäre des Raumes berühren.

Ich wünsche Ihnen einen herzvollen Tag und eine ebensolche Nacht!

DEN ÜBERGANG FEIERN

Die 7. Rauhnacht mit ihrem Tag ist angebrochen. Der Zenith der Rauhnächte ist überschritten. Dies spiegelt sich auch im Jahreskreis wider – der Juli gehört schon zur 2. Jahreshälfte und markiert den Hochsommer.

Wie war Ihre Nacht? Werden Ihre Träume klarer oder eher chaotischer? Notieren Sie sich, woran immer Sie sich erinnern können, insbesondere die Gefühle, die Sie im Zuge der letzten Nacht noch empfinden können. Wie stellt sich heute das Wetter dar, wie fühlt es sich für Sie an? Was sehen Sie für Wolkenformationen, für Farben bei Sonnenaufgang und auch später noch beim Sonnenuntergang? Ist es frostig oder eher mild? Zwitschern die Vögel, oder ist es eher still?

Heute ist ein besonderer Tag. Ein Schwellentag, inmitten der Schwellenzeit: Silvester – der Übergang in ein neues Kalenderjahr. Seit ein paar Tagen knallt schon hier und da ein Böller. Seit jeher wird die Energie des alten Jahres mit viel Krach vertrieben. Es wurde gerasselt und getrommelt, auf Töpfe geschlagen und laut gerufen. Das Feuerwerk ist eine relativ neue Erfindung, die lange wundervoll war, doch inzwischen wegen seiner Lautstärke und seines Übermaßes zunehmend auf Ablehnung stößt. Aus gutem Grund: Mit ihm ist eine enorme Umweltbelastung verbunden, die für die Erde und die Luft, für Mensch und Tier nicht mehr tragbar ist. Auch in dieser Hinsicht sind die Rauhnächte geeignet, um Althergebrachtes neu zu beleben.

Heute ist ein guter Tag, reinigend durch das eigene Leben und Heim zu gehen: Schließen Sie ab, was noch offen ist. Machen Sie Ihren Frieden mit dem Unabänderlichen. Lassen Sie Überholtes los. Putzen Sie. Vielleicht haben Sie das Gröbste bereits vor Weihnachten erledigt, heute ist Feintuning angesagt. Der Klarheit im Außen folgt die Klarheit im Inneren.

Nehmen Sie sich, nachdem Sie Ihren Hausputz und die Einkäufe erledigt haben, in der beginnenden Dämmerung eine stille Zeit. Machen Sie es sich gemütlich, mit Kerzen, angenehmer ruhiger Musik und vielleicht auch einem Tee, Kaffee oder Kakao.

Die Jahresrückschau

Lassen Sie Ihr Jahr vor Ihrem geistigen Auge Revue passieren. Was war gut? Was war nicht so schön? Was haben Sie gelernt, über sich, über die Menschen in Ihrer Nähe, die Welt? Welche neuen Fertigkeiten haben Sie sich angeeignet? Wer hat Sie begleitet, wer im Stich gelassen? Wen oder was haben Sie im Laufe des Jahres verabschieden (müssen)? Schreiben Sie alles auf. Sie können sich auch ein Jahresbild, eine Kollage, eine Mindmap oder ein Flussdiagramm skizzieren. Alles greift ineinander. Das eine kann nur geschehen, weil das andere geschieht. Alles passiert in Abhängigkeit voneinander. Niemand ist eine Insel. Es gibt immer ein Vorher, eine Mitte und ein Nachher, was wiederum neue Situationen hervorruft. Erkennen Sie, wie alles ineinandergreift. Was in diesem Jahr geschehen ist, tragen Sie in sich. Wie Sie damit umgehen und umgegangen sind, welche Schlüsse Sie daraus gezogen, welche Entscheidungen Sie gefällt und welche Fähigkeiten Sie daraus entwickelt haben, prägt Ihre Wirklichkeit jetzt, Ihr Sein in der Welt. Sie haben sich gefreut, Sie haben getrauert, Sie haben gekämpft, geliebt, geweint, gelacht, gelernt und sich weiterentwickelt. Alles, was geschehen ist, ist Teil Ihrer Entwicklung – auch wenn sich der Sinn des Geschehenen uns nicht (sofort) erschließen mag. Es ist Teil Ihrer Biographie und früher oder später Teil Ihrer Weisheit. Halten Sie inne, atmen Sie, legen Sie Ihre Hände aneinander und würdigen Sie alles, was geschehen ist.

Sich der Gegenwart bewusst werden

Nachdem Sie Rückschau gehalten haben, kommen Sie bewusst in den gegenwärtigen Moment. Wie fühlen Sie sich jetzt? Fühlen Sie sich wohl, sicher und geborgen oder eher das Gegenteil davon? Fühlen Sie sich glücklich oder traurig? Zornig oder fröhlich? Wie geht es Ihrem Körper? Ist er gesund oder krank, erschöpft oder kraftvoll? Betrachten Sie den Ort, an dem Sie sich befinden: Was sehen, hören, tasten und riechen Sie? Machen Sie sich auch bewusst, an welcher Lebensstation Sie sich befinden. Der Jahreskreis spiegelt die Stationen unseres Lebens wider: der Beginn des Lebens – der Frühling; die Mitte des Lebens – der Sommer; die Reife des Lebens – der Herbst; das Schwinden und Ruhen des Lebens – der Winter.

Einerseits können wir für uns schauen, wo wir uns als Person mit unserem Jahresalter im Entwicklungszyklus sehen, und andererseits, wo wir mit unserer Aktivität stehen. Wenn wir Neues planen, dann befinden wir uns im Bereich des Vorfrühlings. Sind unsere Vorhaben zur Reife gekommen, entspricht das dem Herbst, und wir ernten die Früchte. So entstehen individuell gefühlte (Lebens-)Energien. Beispielsweise sind Sie bereits im Herbst Ihres Lebens angekommen und besitzen eine gewisse Weisheit, können aber genauso aufgeregt wie ein Teenager sein, wenn Sie gerade eine neue Liebe erleben (nicht umsonst sagt man dazu zweiter Frühling) oder sich noch mal freudvoll mit einer neuen Business-Idee selbständig machen.

Schauen Sie sich Ihr gegenwärtiges Leben unter diesen Gesichtspunkten an und machen Sie sich dazu Notizen. Nun würdigen Sie Ihren aktuellen Stand. Legen Sie Ihre Hände aneinander, atmen Sie mit sich und sein Sie sich der Gegenwart mit dem, was in Ihrem Leben ist, bewusst.

Ausrichtung

Nachdem Sie sich nun darüber bewusst sind, wo Sie jetzt stehen, bildet sich in Ihnen möglicherweise auch ein Gefühl dafür, worauf Sie sich gerne noch konkreter ausrichten möchten. Normalerweise wird eher danach gefragt, was Sie sich für das kommende Jahr vornehmen möchten. Doch diese berühmten Vorsätze werden später häufig fallengelassen, weil sie mit zu viel gefühltem »Müssen« und assoziierter Anstrengung verbunden sind. Ich möchte Sie stattdessen anregen, sich zu fragen: Wie möchte ich mich im nächsten Jahr optimalerweise fühlen? Belassen Sie es bitte nicht bei »gut«, sondern konkretisieren Sie es etwas, beispielsweise »gelassen und entspannt, auch wenn's hoch hergeht«, »geborgen und zentriert« oder »zufrieden und zuversichtlich, was immer geschieht«. Oder auch »selbstbewusst, sinnlich und sexy«, »kraftvoll und dynamisch, mit meinem Körper gut verbunden«, »freudig, abenteuerlustig und neugierig«. Wenn Sie für sich ein wirklich attraktives Gefühl gefunden haben, dann schließen Sie die Augen und stellen Sie sich vor, wie es bereits eingetreten ist. Sie gehen durch Ihren Tag. Sie fühlen sich geliebt, Sie sind gelassen, voll spielerischer Neugier, selbstsicher … Ihr Körper fühlt sich gesund und kraftvoll an. Fühlen Sie es … wunderbar.

Legen Sie Ihre Hände vor der Brust zusammen und bedanken Sie sich bei sich selbst oder bei einer Ihnen nahestehenden göttlichen Kraft.

Bewahren Sie dieses Gefühl in Ihrem Herzen.

Ihr Brief ans Universum

Nachdem Sie nun Rückschau gehalten, eine Bestandsaufnahme gemacht und sich auf eine Neuausrichtung hin orientiert haben, schlage ich Ihnen vor, einen Brief an das Universum oder eine für Sie stimmige spirituelle Kraft zu schreiben. Schreiben Sie auf, was in diesem Jahr passiert ist, wofür Sie gegenwärtig dankbar sind und was Sie sich für das kommende Jahr wünschen.

Das Silvesterritual

Bereiten Sie eine kleine Feuerstelle vor. Das kann ein sauberer feuerfester Kochtopf sein, eine Feuerschale auf dem Balkon oder im Garten. Am schönsten wäre es, wenn Sie ein Feuer an einer sicheren und dafür geeigneten Stelle in der Natur durchführen können. Für dieses Ritualfeuer brauchen Sie einen sauberen Feuerplatz sowie trockenes und möglichst von Ihnen selbst gesammeltes Holz. Es kann ruhig ein kleines Feuer sein, das lediglich aus ein paar Ästen besteht, insbesondere wenn es keiner sehen soll oder Sie auf dem Balkon feuern. Wenn all das nicht machbar ist oder Sie in geschlossenen Räumen das Ritual durchführen möchten, arbeiten Sie statt mit einem Feuer mit einer Kerze und einem Kochtopf. Des Weiteren benötigen Sie noch weißen Salbei in kleinen Stückchen.

Machen Sie es sich feierlich. Duschen Sie vor dem Ritual und ziehen Sie sich frische festliche (wenn Sie draußen feiern, bitte richtig warme) Kleidung an. Sie können das Ritual ausführen, bevor Sie zur Party aufbrechen, oder wenn Sie alleine feiern, bevor die große Böllerei losgeht. Sie brauchen dafür unbedingt ein paar Minuten ungestörte ruhige Zeit alleine mit sich.

Entzünden Sie das Feuer oder die Kerze. Bitten Sie Ihre spirituelle Kraft um Aufmerksamkeit und Unterstützung. Die Schamanen rufen die Helferwesen der vier Himmelsrichtungen an sowie Vater Himmel und Mutter Erde und bitten um Schutz, Führung, Unterstützung und Gehör. Wenn Sie mögen, können Sie dies auch machen. Wenden Sie sich mit Ihrem Körper in die jeweiligen Himmelsrichtungen und bitten Sie einfach nacheinander die Helfer des Ostens, des Südens, des Westens und des Nordens sowie Vater Himmel und Mutter Erde respektvoll um ihre Unterstützung. Anschließend werden Sie ganz still, lassen Ihre Aufmerksamkeit auf Ihrem Atem ruhen und betrachten das Feuer.

Nun nehmen Sie sich Ihren Brief und lesen ihn laut vor. Bitten Sie Ihre spirituelle Kraft um Schutz, Erlösung, Erfüllung, was auch immer Sie brauchen. Übergeben Sie den Brief dem Feuer und sehen Sie zu, wie er vollständig verbrennt. Falls Sie eine Kerze angezündet haben, lassen Sie den Brief im Topf bei geöffnetem Fenster verbrennen. Während der Brief brennt, streuen Sie den Salbei über die Flammen. Verbinden Sie sich noch einmal mit Ihrem wunderbaren Gefühl. Nun legen Sie die Hände wieder in Gebetshaltung aneinander und bedanken sich. Wenn Ihnen danach ist, können Sie noch ein Gebet sprechen, das Ihnen jetzt stimmig erscheint.

Bleiben Sie beim Feuer so lange sitzen, bis es ausgebrannt ist. Wenn Sie das beschleunigen möchten, dann ziehen Sie das Holz auseinander, so dass es schneller ausgeht. Bitte löschen Sie das Feuer nicht aktiv.

Sammeln Sie die Asche ein (das können Sie auch morgen früh machen, wenn sie erkaltet ist) und streuen Sie sie in ein natürliches fließendes Gewässer wie einen Bach oder Fluss und übergeben Sie die Dinge bewusst ihrem natürlichen Lauf.

Reinigungs-Räucherung

Öffnen Sie alle Fenster und Türen. Entzünden Sie weißen Salbei in einem für Sie gut tragbaren Räuchergefäß. Baden Sie von Kopf bis Fuß in seinem heilsamen Rauch. Anschließend fächern Sie auch Ihre Angehörigen und Haustiere ab. Nun räuchern Sie von der Haustür beginnend im Uhrzeigersinn alle Räume mit dem Salbei aus. Entlassen Sie dabei in jedem Zimmer bewusst alles, was sich überlebt hat oder schwer und wenig freudvoll war, und sprechen Sie einen positiven Wunsch laut aus. Beispielsweise: »Streit und Missgunst dürfen nun gehen. Liebe und Frieden hier entstehen.« Schließen Sie die Räucherung an der Haustür ab. Lassen Sie noch kurz den restlichen Wind durch die Zimmer wehen und alles Alte mitnehmen und alles Frische, Liebevolle, Glückliche hineinbringen. Schließen Sie Fenster und Türen intuitiv, wenn Sie das Gefühl haben, dass es nun gut ist.

Ich wünsche Ihnen einen gesegneten und schönen Übergang in ein neues Jahr!

8. Rauhnacht – 1. Januar

DAS GLÜCK EINLADEN

Ein fröhliches, glückliches neues Jahr wünsche ich Ihnen. Wie ist es Ihnen letzte Nacht ergangen? Haben Sie kräftig mit vielen Menschen gefeiert, oder hatten Sie einen ruhigen Übergang im kleinen Kreis, vielleicht sogar ganz für sich alleine? Was haben Sie geträumt, und wie sieht das Wetter aus? Manchmal beginnt das neue Jahr mit dem ersten Schnee und taucht die Welt in sanfte Stille. Frisch und neu liegt das Jahr nun vor uns. Ein ganz junger Moment. Alles ist möglich.

Heute befinden wir uns in der 8. Rauhnacht und dem dazugehörigen Tag. Machen Sie sich noch Notizen zu Ihren Träumen und dem Wetter, so dass Sie im August nachschauen können, welche Resonanz Sie dazu spüren und ob sie Ihnen eine Inspiration bei manchen Fragestellungen sein können. Traditionell ist dies ein Tag, an dem wir Neujahrsglückwünsche verteilen und auch selbst von anderen »beglückt« werden. Und diese Glücksenergie ist es auch, die wir mit dem heutigen Tag vertiefen und so energetische Weichen für das neue Jahr stellen können. Zusätzlich ist dieser Tag mit der energetischen Qualität des Augusts verbunden: ein Monat, in dem das Leben meist von der Wärme der Sonne geprägt ist und für viele Urlaub, Sommerfreuden und Müßiggang bedeutet. Also ein wunderbarer Tag, um das Jahr gemütlich und langsam anzugehen und es mit einer großen Portion sonnigen Glücks aufzuladen.

Der heutige Tag ist ideal für Gesten der Großzügigkeit. Doch bevor Sie sich zum Neujahrsbrunch begeben, möchte ich Sie einladen, in die Stille zu gehen. Die letzte Nacht war laut genug. Vielleicht sind Sie auch noch müde vom Feiern oder etwas unsicher und aufgewühlt, was das neue Jahr wohl bringen mag. Genau dies ist ein guter Moment, um sich wieder bei sich selbst einzufinden, Stabilität in seinem Inneren zu finden und damit eine gute Ausgangsbasis für den Start ins neue Jahr zu schaffen.

Die Stille-Meditation

Kommen Sie auf Ihrem Meditationsplatz zur Ruhe. Entspannen Sie Ihren Körper und lassen Sie nach und nach alles los. Kopf und Rücken bleiben sanft und würdevoll aufgerichtet. Der Boden trägt Sie.

Verbinden Sie sich mit Ihrem Atem, der beständig ein und aus fließt. Ob tief, ob flach, ob schnell oder langsam – das ist ganz gleich. Lassen Sie ihn einfach so kommen und gehen, wie Ihr Körper es gerade mag. Gedanken fließen. Sie kommen und sie vergehen, wenn Sie ihnen keine große Beachtung schenken. Bleiben Sie mit Ihrer Aufmerksamkeit beim Atem. Fühlen Sie ihn in Ihrem Körper, sein Strömen und seine Bewegungen, die er in Ihnen auslöst.

Alles kommt, bleibt einen Moment in unserer Aufmerksamkeit und geht dann wieder. Der Atem ist wie der Strom der Zeit. Was vergangen ist, ist vergangen, was kommen mag, ist noch nicht da. Alles, was ist, ist jetzt. Moment für Moment ein brandneues Jetzt. Immer wieder unaufhörlich jetzt. Atemzug für Atemzug, Moment für Moment.

Jeder Moment ein neuer Anfang. Kosten Sie Ihren Atem. Kosten Sie die Stille. Verweilen Sie in dieser Stille noch einige Momente. Nehmen Sie nun einen tiefen Atemzug und beenden Sie Ihre Meditation.

Versuchen Sie nach dieser Meditation am heutigen Tag, sich zwischendurch ab und zu ganz entspannt daran zu erinnern, dass Sie jederzeit die Möglichkeit haben, wieder neu anzufangen. Jeder Moment ist sozusagen Neujahr. Jeder Atemzug ist ein neuer Anfang. Immer.

Glücksbräuche

Traditionellerweise werden zu Neujahr gerne niedliche kleine rosa Schweinchen, Kleeblätter oder auch Schornsteinfeger-Figuren oder kleine Fliegenpilze als Glücksbringer verschenkt. Am Neujahrstag Glückspfennige zu bekommen und Erbsen- oder Linsengerichte zu essen soll Reichtum und materiellen Wohlstand bringen. Auch wird häufig Neujahrsgebäck wie Brezeln, Neujährchen oder Brotringe verschenkt, das mit guten Wünschen fürs neue Jahr gebacken wurde. Glück zu verschenken ist eine Geste des Herzens. Es geht ums Teilen und um unsere Herzensqualität der Großzügigkeit. Wenn wir uns darin üben, miteinander großzügig, menschlich und wohlwollend umzugehen, machen wir uns und der Welt das größte Geschenk: ein friedliches, großes und liebevolles Herz, das von sich aus jederzeit mit der Fülle des Lebens verbunden ist – unabhängig davon, was geschieht. Jeder gute Wunsch, den wir aus dem Herzen für andere sprechen, kommt auch uns zugute. Was immer wir auch in die Welt geben, Gutes wie Schlechtes, kommt früher oder später wieder zu uns zurück. Wer einen Apfelbaum pflanzt, wird Äpfel ernten, wer Disteln sät … Nun, Sie wissen, was ich meine.

Neujahrsspaziergang

Begeben Sie sich heute ins neue Jahr und erspüren Sie seine frische Qualität. Die Natur kann uns hier ein guter Resonanzgeber sein. Wie immer auch das Wetter ist, gehen Sie hinaus und machen Sie einen langen, ruhigen Spaziergang. Nehmen Sie auf diesen Spaziergang kleingeschnittene Äpfel und Möhren sowie ein paar Nüsse und Kerne für die Tiere mit. An einem stillen Platz abseits vom Weg, aber für Tiere gut erreichbar, legen Sie von Ihrem Proviant etwas aus. Wünschen Sie beim Auslegen ganz bewusst allen Wesen der Natur für dieses Jahr alles Gute.

Spüren Sie Ihren Körper, wie er sich bewegt. Atmen Sie bewusst die frische, klare Winterluft ein. Vergegenwärtigen Sie sich: Was auch immer gerade ist, Sie leben. Jetzt. Ihr Körper ist in der Lage, zu gehen, zu stehen, zu atmen. Ihre Sinne sind wach und können alles aufnehmen. Seien Sie sich Ihres Lebendigseins inmitten der lebendigen Welt bewusst. Vielleicht bietet sich Ihnen die Natur gerade schneebedeckt dar und erscheint Ihnen daher nicht besonders lebendig. Doch das ist sie. Unter der Schneedecke, still in der Dunkelheit der Erde, bereitet sie sich schon auf den neuen Zyklus des Werdens vor.

Ich wünsche Ihnen aus ganzem Herzen ein im wahrsten Sinne des Wortes »Wunder-volles« glückliches, gesundes neues Jahr!

SICH IN GEDULD ÜBEN

Das Jahr hat nun begonnen. Haben Sie noch frei, oder startet bereits wieder Ihre Arbeit? Es mag sich ein bisschen so anfühlen, als wären die Rauhnächte vorbei. Die Energie hat sich verändert. Bis zum Silvesterabend herrschte eine nach innen gewendete Energie. Die Energie gestern fühlte sich möglicherweise eher stillstehend oder wie in Watte an, und heute kann es Ihnen vorkommen, als würden sich die Räder ganz langsam wieder anfangen vorwärtszudrehen. Das ist auch so. Dennoch ist es jetzt noch nicht an der Zeit, alle gefassten guten Vorsätze in die Tat umzusetzen. Die Natur befindet sich in ihrer Winterruhe, und genauso sollten Sie sich noch etwas Ruhe geben. Der Winter hat erst begonnen, und diese Zeit ist energetisch nicht dazu geeignet, sofort in eine frühlingshafte Schaffenskraft einzutauchen. Gut Ding braucht Weile – und das richtige Timing, damit auch Früchte dabei herauskommen und unsere Energie nicht einfach so verpufft. Außerdem ist es energieschonender, wenn wir die richtigen Dinge zur richtigen Zeit angehen und die Samen dann setzen, wenn fruchtbare Bedingungen für ihr Wachstum gegeben sind.

Die Dunkelheit des Winters und die Kälte können uns ein wundervoller Rahmen sein, kreative Ideen zu sammeln, zu recherchieren, uns mit inspirierenden Menschen schöpferisch zu unterhalten, vielleicht eine Umsetzungs- oder Planungsskizze für das Jahr und unsere Ideen anzufertigen und sinnvolle Vorbereitungen dafür zu treffen. Mit dem Wandel der Jahreszeiten und den entsprechenden energetischen Qualitäten kann sich vieles in uns verändern, denn wir sind untrennbar damit verbunden. Lassen Sie es sich entwickeln, spüren Sie, atmen Sie, geben Sie sich weiter Zeit. Ungeduld mag sich in Ihnen regen, und es wird möglicherweise eine Herausforderung sein, sich hier in heilsamer Gelassenheit zu üben und wirklich weise abzuwägen, ob und zu welchem Zeitpunkt Sie wirklich aktiv werden müssen.

Die heutige Rauhnacht ist mit dem September verbunden. Eingebettet zwischen die energetischen Qualitäten des Sommers und des Herbstes ist dieser Monat ein Zustand des Dazwischen, des Weder-noch. Der Sommer ist vergangen, doch schwingt er immer noch nach. Der Herbst steht vor der Tür, ist aber noch nicht da. Diese Qualität bestimmt auch diesen Tag: Das alte Jahr ist um, das neue schon spürbar, dennoch ist es noch nicht die richtige Zeit, es anzupacken. Auch hier spüren wir die Qualität der Rauhnächte: die Zeit der Zwischenzeit, der Übergänge, der Zustand zwischen einem Ende und einem neuen Anfang.

Es ist eine Zeit des Innehaltens und Verweilens, ein Ausdehnen der Zeit, auch wenn Sie vielleicht, ähnlich wie in der März-Qualität, vor Ungeduld schon längst losstürmen und alles anders machen wollen. Und so wie der September uns mit den Segnungen des Jahres belohnt, belohnt uns diese Rauhnacht mit den Segnungen des Verweilens.

Es mag sein, dass Sie sich ungeduldig fühlen. Vielleicht ist Ihr Kopf auch sehr bei der Planung neuer Aktivitäten und weiß ganz genau, was und wie das jetzt sofort angegangen und geregelt werden sollte. Doch was sagt Ihr Gemüt? Wahrscheinlich spricht hier eine ganz andere Stimme. Vielleicht sogar eine Stimme in Ihnen, die nach mehr Zeit und Muße verlangt. Nicht umsonst besagt der Brauch, dass wir in dieser Zeit alle Räder stillstehen lassen sollen. Keine Wäsche soll gewaschen, kein Streit angezettelt und auch keine schweren Arbeiten sollen verrichtet werden. Zeit für Regeneration und Muße ist vorgesehen. Das ist die Zeit des Jahres, in der es gilt, dem regenerierenden süßen Nichtstun zu frönen. Und diese Zeit ist für unsere Regeneration unverzichtbar. Muße ist die Reinigung unseres Gemütes. Wer zu wenige Mußezeiten im Tag hat, dessen Kopf wird sich immer voller anfühlen. In Zeiten der Muße schaltet der Geist auf Leerlauf, die Eindrücke des Lebens sprudeln ungehindert und unstrukturiert hervor und beginnen sich, auch ohne dass wir sie konkret durchdenken, langsam von selbst zu verarbeiten. Es ist ein Sortierungs- und Reinigungsprozess für den Geist. Muße beugt einem geistigen Überlastungszustand vor und gehört mit zu meinen Lieblingsübungen. Dazu ist sie technisch ziemlich einfach und nahezu überall durchzuführen.

Übung in Muße

Geben Sie sich heute, auch wenn Sie jetzt wieder arbeiten gehen, ab und zu zwischendurch Zeit, um dem süßen Nichtstun zu frönen. Schauen Sie zum Fenster hinaus, schauen Sie Löcher in die Luft – wie man so schön sagt. Gucken Sie einfach ins Leere und lassen Sie Ihre Gedanken ziehen, ohne konkret etwas zu durchdenken. Es brauchen nur wenige Minuten zu sein.

Sollten Sie zu den permanent aktiven und eher unruhigen Menschen gehören, dann beginnen Sie erst einmal langsam mit ein bis drei Minuten, um sich an dieses Nichtstun zu gewöhnen. Wenn Sie es genießen, dann machen Sie es so lange, wie Sie mögen und es sich mit Ihrem Alltag vereinbaren lässt.

Machen Sie sich währenddessen bitte keine Notizen, sondern lassen Sie wirklich Ihre Gedanken einfach laufen. Je öfter Sie diese Übung ausführen (auch gerne noch nach der Zeit der Rauhnächte), werden Sie bemerken, dass sich immer weniger an Gedanken und Eindrücken zum Verarbeiten in Ihnen aufstaut und Ihr Geist immer ruhiger und aufgeräumter wird.

Die Zeit der Rauhnächte ist eine intuitive Zeit. Sie bringt uns zurück zu unserem natürlichen Sein, jenseits unseres auf immerwährende Produktivität und Außenwirkung konditionierten Habitus. Die dieser Zeit innewohnende Dunkelheit lädt uns ein, uns selbst wieder zuzuhören und uns den natürlichen Prozessen des Ruhens, des Werdens, des Seins und des Vergehens wieder anzuvertrauen. Und so möchte ich Sie heute zu einer besonderen Meditation einladen, die Sie diese Qualität etwas erspüren lässt. Am leichtesten ist sie in der Dunkelheit des frühen Morgens oder der Nacht ausführbar – Sie sollten allerdings dafür ausreichend wach sein, da Sie sonst einschlafen könnten.

Die Dunkelmeditation

Setzen Sie sich an einen sicheren und gemütlichen Ort, wenn möglich auf Ihren Meditationsplatz. Legen Sie sich eine Decke um. Wenn Sie mögen, sogar über Ihren Kopf – aber halten Sie dann bitte Ihre Atemwege frei.

Sitzen Sie in vollkommener Dunkelheit. Spüren Sie die warme Decke über sich. Der Atem fließt ein und aus.

Der Boden unter Ihnen ist fest und trägt Sie. Sie sind vollkommen umfasst von der Dunkelheit. Vollkommen umfasst von der warmen schützenden Decke. Wie ein ruhendes Samenkorn in der dunklen, weichen Erde.

Der Atem fließt, Ihr Herz schlägt. Sie sind lebendig.

Spüren Sie, wie die Dunkelheit Ihnen Ruhe und Wärme gibt, wie eine schützende Hülle – eine wohlige Höhle. In dieser schützenden Dunkelheit dürfen Sie einfach sein. So wie Sie gerade sind. Sie brauchen nichts zu leisten, nichts darzustellen, nichts zu erreichen, nicht zu kämpfen. Sie dürfen einfach sein und ganz in Ruhe Kraft schöpfen für einen neuen Frühling.

Genießen Sie das So-Sein in der geborgenen Wärme der Dunkelheit und Ihrer Decke so lange Sie mögen.

Nehmen Sie dann schließlich einen tiefen Atemzug, recken und strecken Sie sich ein bisschen und beenden Sie damit Ihre Meditation.

Ich wünsche Ihnen heute einen herrlich müßigen Tag!

FRIEDEN SCHLIESSEN

Guten Morgen! Wie haben Sie geschlafen? Was haben Ihnen heute Nacht Ihre Träume gezeigt? Schreiben Sie es sich schnell auf, bevor der Tag die Eindrücke schluckt.

Woran immer Sie sich noch von Ihren Träumen erinnern können, insbesondere was Sie fühlen, kann ein Hinweis sein, wie Sie die Zeitqualität des kommenden Oktobers diesen Jahres erfahren könnten. Beobachten Sie das Wetter und erspüren Sie, wie Sie heute die Natur wahrnehmen. Auch wenn wir Winter haben, ist dennoch nicht jeder Tag gleich. Der Luftdruck schwankt, mal ist es feucht und schwer, mal trocken, und es liegt eine spürbare Leichtigkeit in der Luft. Wie reagieren Ihr Körper und Ihr Gemüt darauf? Fühlen Sie sich beschwert, träge, müde oder niedergeschlagen oder eher beschwingt, aufgekratzt, klar und energiegeladen? Notieren Sie sich all das, ohne jedoch jetzt schon eine Voraussage oder Interpretation für den Oktober daraus zu basteln. Schreiben Sie einfach nur die einzelnen Informationen und Beobachtungen auf. Im Oktober können Sie sich dann die Aufzeichnungen durchlesen und sie möglicherweise als stimmig einordnen. Sehen Sie es bitte spielerisch.

Heute, in der 10. Rauhnacht, befinden wir uns energetisch in der Zeitqualität des Oktobers. Was fällt Ihnen zum Oktober ein? Vielleicht die Apfel- und Traubenernte, farbige Blätter, die Chance auf einen goldenen Herbst, aber auch das langsame Kürzerwerden der Tage, der Abschied von der Kraft des Sommers? Ein anderer Aspekt ist die Herbstqualität in unserem persönlichen Reifungs- und Alterungsprozess. Wo stehen wir? Sind wir die Person geworden, die wir werden wollten? All das zieht sich heute durch den Tag und durch die Nacht. Vielleicht fragen Sie sich, welche Fortbildungen Sie dieses Jahr noch machen müssten, um etwas Bestimmtes zu erreichen. Oder möglicherweise planen Sie, Ihr Gewicht zu reduzieren oder sportlicher zu werden, weil Sie mit Ihrer Figur unzufrieden sind.

Die heutige Rauhnacht ist die Einladung an uns, zuallererst Frieden mit uns zu schließen, bevor wir uns wirklich ins neue Jahr und an die Verwirklichung unserer Selbstoptimierungspläne begeben. Wir können noch so viel hinter uns gelassen haben und neu angehen wollen, wenn wir uns selbst etwas hinterhertragen oder nicht verzeihen, dann sind wir für etwas Neues nicht frei.

Wir alle haben eine Geschichte, die uns, so wie wir heute sind, mit geformt hat. Wir haben Entscheidungen gefällt oder diese anderen überlassen. Wir haben versucht, auf bestmögliche Weise zu überleben – und haben es geschafft! Jeder hat seine Qualitäten und genauso Defizite – auch wenn manche besser als andere darin sind, sie zu tarnen. Wir sind Menschen. Wir alle können uns freuen, und doch leiden wir, wir trauern, wir haben Angst. Wir tun alles dafür, glücklich zu sein und weitestgehend Leid zu vermeiden. Nicht immer stellen wir uns darin wirklich weise und geschickt an. Aber was auch immer wir tun, wir tun unser Bestmögliches in der gegenwärtigen Situation, selbst wenn wir sie zu einem späteren Zeitpunkt anders betrachten. In dem Moment ist oder war es die bestmögliche Entscheidung. Wenn wir uns dafür verurteilen, halten wir uns selbst im Schmerz gefangen und schneiden uns von unserem heilsamen Entwicklungspotenzial ab. Das Heilmittel, um aus diesem Kreislauf des selbsterzeugten Leidens auszusteigen, besteht darin, dass wir mit uns und unserem vermeintlichen Unvermögen, mit allem, was wir sind und worunter wir leiden, Frieden schließen. Es bedeutet, auf der Herzensebene anzunehmen, wer wir sind, und uns wertzuschätzen für unseren Lebensweg.

Mit uns selbst Frieden zu schließen verbindet uns mit unserer Herzensqualität der liebenden Güte, die ein wundervoller Nährboden für alle heilsamen Wachstumsprozesse ist. In Frieden mit sich selbst zu sein bildet außerdem die Basis für jegliche Veränderung. Denn nur aus einer liebevollen Fürsorglichkeit uns selbst gegenüber erkennen wir, mit welchen Maßnahmen wir uns wirklich auf unserem Lebensweg unterstützen, heilen und nähren können.

Ich möchte Sie heute einladen, mit sich Frieden zu schließen, wo auch immer Sie gerade auf Ihrem Lebensweg stehen. Das folgende meditative Ritual kann Ihnen eine Hilfe dafür sein.

Frieden schließen

Entzünden Sie auf Ihrem Altar eine Kerze und etwas Räucherwerk. Das kann ein Räucherstäbchen oder können ein paar Kräuter auf Ihrem Räucherstövchen sein. Empfehlenswert sind die Rose und der Lavendel, da sie herzöffnend und ausgleichend wirken. Sie können beide Blüten gleichzeitig verräuchern oder sich für eine Sorte entscheiden.

Verbinden Sie sich mit einer Ihnen vertrauten spirituellen Kraft und bitten Sie sie um Unterstützung und Halt. Lassen Sie den Rauch aufsteigen und baden Sie Ihr Gesicht und Ihren Körper darin. Anschließend setzen Sie sich auf Ihren Meditationsplatz und kommen Sie in Stille zu sich.

Sitzen Sie aufrecht wie ein Berg. Ihr Atem fließt sanft und natürlich ein und aus. Lassen Sie die Gedanken vorüberziehen – kommen und gehen –, ohne sie zurückzuweisen oder auf sie einzusteigen. Stattdessen lassen Sie Ihre Aufmerksamkeit einfach ganz sanft auf Ihrem Atem ruhen. Kommen Sie so zur Ruhe und bleiben Sie mit Ihrem Atem verbunden.

Fassen Sie nun innerlich den Entschluss, mit sich Frieden zu schließen. Legen Sie sich eine Hand oder auch beide Hände auf Ihren Herzraum. Spüren Sie sich. Spüren Sie Ihre Hände. Halten Sie sich so und atmen Sie mit sich.

Nun sprechen Sie laut oder leise innerlich zu sich selbst:

Was immer geschehen ist, ist geschehen.

Was immer kommen wird, ist noch nicht da.

Ich bin, wer immer ich bin, und werde sein, wer immer ich sein werde. Ich sehe mich und erkenne mich an, als die / der, die / der ich gerade bin. Ich liebe und achte mich und meinen Weg mit allen Fehlern, Defiziten, Qualitäten, Wundern und Möglichkeiten. Möge ich bestmöglich und heilsam zum Wohle aller meinen Weg gehen, stimmig und würdevoll mit der Kraft meines Herzens verbunden.

Amen.

Sitzen Sie noch eine Weile in Stille. Atmen Sie und halten Sie sich noch. Lösen Sie dann langsam und sanft Ihre Hände, nehmen Sie einen tiefen Atemzug und beenden Sie die Meditation.

Tun Sie sich heute bewusst etwas Gutes. Das kann ein langes, ausgiebiges Bad sein, ein Saunabesuch oder einfach das Eincremen mit einer luxuriösen Bodylotion. Auch eine sanfte Massage kann wundervoll wirken. Wichtig ist, dass Sie es in Wertschätzung für sich selbst machen. Feiern und verwöhnen Sie sich heute, Sie haben es mehr als verdient.

Frieden im Alltag

Achten Sie heute zwischendurch immer mal wieder darauf, wie Sie mit sich selbst sprechen. Nörgeln oder schimpfen Sie? Wenn Sie es bemerken, legen Sie eine Hand auf Ihr Herz. Atmen Sie bewusst einmal tief ein und aus und formulieren Sie dann innerlich einen Satz, der Sie unterstützt, beruhigt und lobt. Erinnern Sie sich wieder daran, sich mit Ihrem Herzen zu verbinden, sich selbst freundlich zu unterstützen und liebevoll anzuerkennen, wo auch immer Sie gerade stehen.

Ich wünsche Ihnen heute einen genussvollen und friedlichen Tag mit sich selbst.

11. Rauhnacht – 4. Januar

WANDEL ANNEHMEN

Einen wundervollen, schönen guten Morgen. Wie geht es Ihnen? Vielleicht ist es Ihnen bereits zu einer liebgewonnenen Gewohnheit geworden, sich morgens vor allen anstehenden Aktivitäten eine Kerze und etwas Räucherwerk anzuzünden, still zu werden, Ihre Träume und Gedanken aufzuschreiben und sich dann auf den neuen Rauhnachtstag einzustimmen.

Mit der heutigen Rauhnacht sind wir im Jahreskreis im November angekommen. Dieser Monat ist mit der unweigerlichen Endlichkeit allen Lebens verbunden und trägt zugleich das Potenzial für einen Neubeginn in sich. Die Natur stirbt. Die Dunkelheit nimmt zu. Stürme fegen die letzten Blätter von den Bäumen. Gespenstisch zieht Nebel übers Land. Die Schleier zur Anderswelt werden dünner, und manchen erreicht ein Gruß längst verstorbener Ahnen. So ist es nicht verwunderlich, dass seit jeher in diesem Monat der Toten gedacht wird.

Mit dem November verändert sich die Energie. Der Sommer und der sanfte, manchmal noch sonnendurchflutete Herbst haben sich nun endgültig verabschiedet. Wir kommen nicht umhin, uns mit der unweigerlichen Tatsache des ausklingenden Jahres auseinanderzusetzen und uns auf den Winter vorzubereiten. Wie reagieren Sie normalerweise in dieser Zeit? Akzeptieren Sie die dunkle Zeit? Finden Sie deren ganz eigene Qualität, und können Sie sie für sich nutzen? Oder gehen Sie in inneren Widerstand, sind frustriert und schlecht gelaunt, fühlen sich von der Natur betrogen, dass Ihnen wieder mal das Sonnenlicht und die Wärme »geklaut« werden?

Wie wir dieser Zeit begegnen, hat viel damit zu tun, wie wir mit Wandel grundsätzlich umgehen. Es liegt nicht am Wetter oder an der Jahreszeit, ob wir glücklich oder zufrieden sind, sondern vielmehr daran, ob wir akzeptieren und nutzen können, was uns diese spezielle Zeitqualität bietet.

Die bisherigen Übungen der Rauhnächte können Ihnen ein Rüstzeug sein, die verborgenen Qualitäten und Geschenke jeder Jahreszeit zu erkennen und zu empfangen. Sie helfen Ihnen, sich in den großen Kreislauf des Lebens einzugliedern und sich mit den sich permanent wandelnden Energien zu verbinden, sie zu beobachten und in sich zu fühlen. So können Sie Ihr Leben nach den natürlichen Gesetzmäßigkeiten dieser Welt, dieses Universums ausrichten.

Genauso wie Pflanzen und Tiere beeinflussen die Jahreszeiten auch uns. Unsere Energie verändert sich gemäß dem Wandel der Jahreszeiten. Es gibt Zeiten der Kraftfülle und des Werdens, des Blühens und Gedeihens und genauso Zeiten des Vergehens, schwindender Kraft, des Rückzugs und des Stillstandes. Erinnern wir uns daran, dass jede Phase unseres Lebens, jede Phase eines Projektes und jede Phase des Jahreskreises diesen Zyklen unterliegen, dann können wir leichter mit unserer Kraft haushalten und uns natürlicher und liebevoller in unseren Prozessen begleiten.

Unsere Ahnen wussten um diese Zyklen, und sie sind immer noch Teil von uns. Mutter und Vater, Großmutter und -vater, deren Eltern und Großeltern und wiederum deren Eltern prägen in unendlicher Linie bis zu den ersten Menschen unser Leben. Sie haben ihr Wissen, ihre Fertigkeiten und Weisheit weitergegeben. Mag manches davon in Vergessenheit geraten sein, in unseren Genen ist es gespeichert. Heute möchte ich Sie einladen, sich mit Ihren Ahnen und deren Kraft wieder zu verbinden.

Sich mit den Ahnen verbinden

Schmücken Sie einen kleinen Tisch oder einen Bereich Ihres Altars für Ihre Ahnen. Stellen Sie Fotos von verstorbenen Familienmitgliedern auf. Vielleicht haben Sie auch einen Familien-Stammbaum, den Sie rahmen und dazustellen können. Entzünden Sie für jeden verstorbenen Angehörigen eine Kerze. Erfreuen Sie Ihre Ahnen mit Speise und Trank, zum Beispiel mit einem Becher Wasser oder Wein und einem Teller mit Süßigkeiten oder Obst. Sie können auch für Ihren Lebensweg wichtige verstorbene Lehrer oder Mentoren mitbedenken. Sie gehören ebenfalls dazu.

Schauen Sie sich jedes einzelne Foto an. Machen Sie sich bewusst, was dieser Mensch in seinem Leben erlebt und was Sie von ihm oder ihr lernen konnten. Welche Spuren finden Sie von diesem Menschen noch heute in Ihrem Leben? Wertschätzen Sie das Gute, die Kraft, die Weisheit und die Liebe dieser Menschen, aber auch das Schmerzvolle, das vielleicht zu Ihrer lebenslangen Lernaufgabe wurde. Alles ist mit allem verbunden. Prägungen und Schmerzen werden an die nächste Generation weitergegeben, aber auch Entwicklung und Reife. Es liegt nun an der lebenden Generation, das Beste daraus zu machen und sich in Liebe weiterzuentwickeln.

Wenn Sie mögen, sprechen Sie ein paar Worte des Dankes und formulieren Sie gute Wünsche für das Wohlergehen Ihrer Ahnen. Bitten Sie sie um Führung, Schutz und Weisheit, Ihre Aufgabe in diesem Leben bestmöglich zu erfüllen.

Verbeugen Sie sich abschließend und gehen Sie dann wieder in Ihren Tag. Wenn Sie mögen, machen Sie sich anschließend ein paar Notizen. Möglicherweise sind Fragen aufgetaucht, und Sie verspüren den Wunsch, ein wenig in Ihrer Familie zu forschen oder mit lebenden Angehörigen zu sprechen. Vielleicht wollen Sie auch einfach noch ein bisschen in den alten Fotoalben blättern und in Erinnerungen schwelgen. Tun Sie das ruhig. Heute ist ein perfekter Tag dafür.

Sie können den Gedenkplatz an Ihre Ahnen auch über die Rauhnächte hinaus stehenlassen und sogar dauerhaft in Ihr Zuhause aufnehmen. Manchmal gibt es Zeiten in unserem Leben, in denen wir uns einsam und verlassen fühlen und uns niemand Rat geben kann. Erinnern Sie sich dann an Ihre Ahnen. Bitten Sie sie um Kraft und Inspiration. Vielleicht mögen Sie auch eine konkrete Frage stellen oder in Zwiesprache mit jemand Bestimmtem gehen. Machen Sie das ruhig. Sie sind nicht alleine!

Wenn es etwas gibt, was Sie gerne den Wandlungsprozessen der Natur übergeben möchten, dann ist heute ein guter Tag dafür. Sie brauchen für das folgende Ritual so viele Zettel und handtellergroße flache Blütenköpfe, wie es Situationen in Ihrem aktuellen Leben gibt, die sich überlebt haben und die Sie gerne der Natur anvertrauen möchten. Außerdem brauchen Sie ein gut zugängliches, frei fließendes Gewässer wie einen nicht gestauten Bach oder Fluss.

Blüten des Wandels

Kommen Sie auf Ihrem Meditationsplatz zur Ruhe. Sammeln und zentrieren Sie sich. Dann schreiben Sie mit wasserlöslicher Tinte auf einzelne Zettel, was Sie gerne wandeln und damit verabschieden möchten. Es sollten nur Situationen sein, die sich wirklich vollkommen überlebt haben und nur noch wie Gespenster in Ihrem Leben weilen.

Begeben Sie sich nun mit den Zetteln und Blüten zum Wasser. Legen Sie auf jede Blüte einen Zettel mit der wandlungsreifen Situation. Nach und nach setzen Sie die Blüten nun auf das Wasser. Schauen Sie zu, wie sie fortgetragen werden. Manche verschwinden vielleicht auch im Wasser. Lassen Sie all das geschehen. Die Natur nimmt ihren Lauf. Alles hat seine Zeit, kommt, bleibt eine Weile und darf in Frieden und Wertschätzung gehen, wenn die Zeit gekommen ist. Schicken Sie gute Wünsche hinterher, dann drehen Sie sich um und gehen fort, ohne noch einmal zurückzublicken.

Nachdem Sie vom Wandlungsritual zurückgekommen sind, können Sie alle Ihre Räume (auch Schuppen, Keller und Garage) mit Wacholder ausräuchern. Wacholder ist ein sehr alter Räucherstoff. Sie können sowohl die Nadeln als auch die Beeren zum Räuchern nutzen. Wacholder reinigt die Energie der Räume und sorgt für einen klaren, wachen Geist.

Die Wacholder-Räucherung

Verbinden Sie sich mit dem Göttlichen und bitten Sie um Segen für stimmige Wandlung und Reinigung von allem Überlebten. Verbrennen Sie Wacholdernadeln und -beeren oder eines von beidem in einem gut tragbaren Räuchergefäß und schreiten Sie damit im Uhrzeigersinn Ihre Räume ab. Beginnen Sie bei der Haustür, gehen Sie dann in die untersten Stockwerke, auch in den Keller, arbeiten Sie sich von dort durch alle Räume im Uhrzeigersinn nach oben und enden Sie wieder an der Haustür. Bleiben Sie die ganze Zeit über in Ihrem Herzen und mit großem Wohlwollen mit allem, was geschieht, kommt und geht, liebevoll verbunden. Lassen Sie während der Räucherung Fenster und Türen geöffnet. Die Energie und die Luft zirkulieren und erneuern sich. Baden Sie sich anschließend ebenfalls im Rauch und lassen Sie den Rest des Räuchermaterials noch auf Ihrem Altar verglimmen. Bedanken Sie sich bei allen geistigen Helfern und wünschen Sie allen Situationen und damit verbundenen Personen von Herzen alles Gute.

Ich wünsche Ihnen heute einen wundervollen Wandlungstag und eine ebensolche Nacht!

12. Rauhnacht – 5. Januar

VON DER DUNKELHEIT ZUM LICHT

Die letzte Rauhnacht ist angebrochen. Der Jahreskreis schließt sich, und damit werden auch die Schleier vor der geistigen Welt wieder dichter. Doch bevor dies geschieht, können Sie heute dort noch einmal alles hineingeben, was Ihnen wirklich am Herzen liegt. Wünsche und Rituale des heutigen Tages und der heutigen Nacht sind besonders kraftvoll: Diese letzte Nacht vom 5. auf den 6. Januar wird die »Nacht der Wunder« genannt.

Schreiben Sie sich wieder auf, was Sie in der letzten Nacht geträumt haben, und beobachten Sie das Wetter und Ihre Befindlichkeiten über den gesamten Tag.

Diese Rauhnacht steht für den Dezember. Es ist der dunkelste Monat und zugleich der Monat, in dem die Sonne neu geboren wird und das Licht mit der Wintersonnenwende seinen Zyklus neu beginnt. Wie wundervoll dies heute passt. Denn auch für uns fängt wieder ein neuer Zyklus an. Das Licht wird mit jedem Tag kräftiger werden, und unsere Ausrichtung und die damit heranreifenden Ideen werden klarere Konturen und mehr Kraft bekommen.

Ich möchte Sie einladen, bewusst Rückschau über die Prozesse in den Rauhnächten zu halten. Ganz ähnlich, wie Sie im Dezember auf das Jahr zurückblicken. Sie können die folgenden Fragen als Gerüst für Ihre Reflexion nehmen oder einfach frei Ihre eigenen Überlegungen anstellen. Machen Sie sich ein paar Notizen in Ihrem Rauhnachtsbuch.

- Wie fühlten Sie sich, als Sie mit diesem Retreat begannen?
- Wie geht es Ihnen jetzt?
- Wie haben Sie diese besondere Zeit erlebt?
- Gab es Dinge, die Sie für sich klären konnten?
- Worüber haben Sie sich gefreut in dieser Zeit?
- Worauf freuen Sie sich nun nach dieser Zeit?
- Gibt es etwas, was Sie auch nach diesem Retreat für sich weiter fortführen möchten?

Für den heutigen Abend bietet sich ein Kerzenritual an, oder genauer gesagt ein Sonnenwendritual. Stellen Sie dazu eine weiße neue Kerze in einem schönen Kerzenhalter oder in einem Glaswindlicht auf Ihren Altar und legen Sie Streichhölzer griffbereit dazu. Führen

Sie dieses Ritual aus, wenn es dunkel und die Welt um Sie herum still geworden ist.

Von der Dunkelheit zum Licht

Löschen Sie ganz bewusst nach und nach alle Lichter in Ihrer Wohnung, bis Ihre Wohnung vollkommen dunkel ist. Kommen Sie auf Ihrem Meditationsplatz in der Dunkelheit Ihres Zimmers zur Ruhe. Spüren Sie Ihren Atem. Fühlen Sie das beständige Auf und Ab Ihrer Bauchdecke. Ein unaufhörliches Kommen und Gehen.

Sitzen Sie in der Stille und spüren Sie das Dunkel um sich herum. Was löst die Dunkelheit in Ihnen aus? Geben Sie sich ein bisschen Zeit, die Dunkelheit zu erfahren.

Erheben Sie sich nun und gehen Sie zu Ihrer vorbereiteten Kerze. Entzünden Sie das Streichholz voller Bewusstheit. Erleben Sie, wie das erste Glimmen die Dunkelheit erhellt und zu einer Flamme wird. Geben Sie die Flamme an die Kerze weiter. Das neue Licht ist geboren. Goldener Schein erfüllt Ihr Zimmer. Kehren Sie zurück auf Ihren Meditationsplatz und sitzen Sie im Schein der Kerze. Erspüren Sie, wie Sie sich mit diesem Licht fühlen.

Die dunkle Zeit ist jetzt vorüber. Das Licht hat über die Dunkelheit gesiegt. Lassen Sie die Kerze brennen, als Symbol des ewigen Lichtes.

Verweilen Sie jetzt noch ein paar Momente im Schein der Kerze. Um die Meditation zu beenden, nehmen Sie einen tiefen Atemzug, recken und strecken Sie sich und stehen Sie dann langsam und behutsam wieder auf.

Wenn Sie möchten, bewahren Sie sich das Licht dieser Nacht über das gesamte Jahr bis zur nächsten Wintersonnenwende. Sie können es in eine Laterne an einen sicheren Ort stellen und darauf achtgeben, dass es immer wieder mit einer neuen Kerze am Leben gehalten wird.

Sie können dieses Sonnenwendritual auch wunderbar in der freien Natur ausführen. Dazu sollten Sie einen Ort aussuchen, an dem sie Feuer machen können. Streifen Sie durch die Dunkelheit, vielleicht auch durch ein Waldstück, und lassen Sie sich von der Dunkelheit berühren. Am Feuerplatz angekommen, legen Sie ganz bewusst Holz für ein Feuer zusammen. Achten Sie darauf, dass der Feuerplatz sauber ist und Sie nur unbehandeltes, natürliches Holz (vielleicht sogar selbstgesammeltes) verwenden. Sitzen Sie noch einen Moment in der Dunkelheit in Stille. Anschließend entfachen Sie das Feuer. Erspüren Sie, was sich verändert, was es mit Ihnen und Ihrem Gemüt macht. Die Wärme. Das Licht. Verweilen Sie. Nun können Sie das folgende Ritual anschließen. Nehmen Sie sich am Ende des

Rituals, bevor das Feuer abgebrannt ist, die Flamme mit einer Kerze in einer Laterne mit nach Hause.

Das Wunschfeuer

Heute, in der Nacht der Wunder, ist es besonders wirkungsvoll, um Hilfe und Heilung für schwierige Lebenssituationen zu bitten oder auch darum, Neues auf einen guten Weg zu bringen. Wenn es also noch etwas gibt, was sich in den letzten Tagen für Sie nicht ausreichend geklärt hat oder Ihnen wirklich sehr am Herzen liegt, dann schreiben Sie Ihren Wunsch oder Ihre Bitte auf ein Blatt Papier. Verbinden Sie sich mit einer Ihnen vertrauten spirituellen Instanz und bitten Sie sie um Hilfe, Schutz und stimmige Erfüllung zum Wohle aller. Lesen Sie laut vor, was Ihnen am Herzen liegt. Dann verbrennen Sie das Blatt über dem Feuer und geben anschließend noch etwas Räucherwerk in die verglimmenden Flammen. Salbei oder echter Weihrauch eignen sich gut – oder wenn es sich um Herzensangelegenheiten handelt, Rose und Lavendelblüten.

Wenn Sie in der freien Natur kein Feuer machen können oder wollen, können Sie auch alternativ in Ihrem Garten oder auf Ihrem Balkon ein kleines Feuer in einer Feuerschale anlegen.

Oder Sie verbrennen das Blatt einfach so in einem feuerfesten

Kochtopf auf einer sicheren Unterlage. Da die Flammen dann wahrscheinlich schnell wieder aus sind, wird es schwierig sein, das Räucherwerk mitzuverbrennen. Entzünden Sie stattdessen einfach anschließend etwas Räucherwerk oder ein Räucherstäbchen auf Ihrem Altar.

Wenn Sie mögen, räuchern Sie Ihre Wohnung ein letztes Mal durch. Wählen Sie intuitiv Ihr Räucherwerk, das Ihnen heute am meisten zusagt. Und dann um Mitternacht, im Übergang vom 5. auf den 6. Januar, öffnen Sie alle Fenster und Türen und lassen Sie den Heiligen-Dreikönigs-Wind als Segen für das neue Jahr in Ihr Zuhause.

Eine im wahrsten Sinne des Wortes wundervolle Nacht wünsche ich Ihnen!

NEUBEGINN

Die Frische des Augenblicks

Nun ist es so weit. Die Rauhnächte sind vorbei. Heute, am 6. Januar, dem Tag der Heiligen Drei Könige oder auch Epiphanias-Tag (Erscheinung des Herrn), beginnt sich das Rad des Jahres von vorne zu drehen. Ein brandneues Jahr liegt vor Ihnen. Jeden Tag gibt es frische 24 Stunden, die darauf warten, von Ihnen ge- und belebt zu werden. Es sind Ihre Stunden. Es ist Ihr Leben.

Sie haben in den letzten 12 Nächten vieles reflektiert und auf den Weg gebracht und vielleicht ein bisschen Ruhe, Klarheit und Zuversicht für das neue Jahr gewinnen können. Sie haben einige Übungen kennengelernt, die Ihnen auch nach diesem Retreat über das ganze Jahr Hilfe und Stütze sein können.

Meiner eigenen Erfahrung nach wird der Prozess mit jedem Jahr leichter und das Leben immer aufgeräumter. Doch Sie brauchen nicht bis zu den nächsten Rauhnächten zu warten, um Ihr Leben zu justieren. Wann immer Sie merken, dass Sie in einer Sackgasse gelandet sind (und das kann einfach passieren) oder Sie Hilfe und Führung in der Neuausrichtung oder bei der Lösung einer festgefahrenen Situation brauchen, können Sie jederzeit auf die Rituale und Meditationen zurückgreifen. Wählen Sie genau das aus, was Ihnen in dem Moment stimmig erscheint, beispielsweise das Kerzen-, Feuer- oder Wasserritual, ein bestimmtes Gebet oder die Rückverbindung mit Ihren Ahnen. Eine regelmäßige Meditationspraxis hilft dabei, sich im Leben klarer, gelassener und zentrierter zu fühlen und sich stärker in der Gegenwart zu verankern. Das bildet ein starkes Fundament für ein aufgeräumtes und stimmiges Leben. Entscheidungen kann uns niemand abnehmen. Doch es ist eine Unterstützung, wenn wir uns und unsere Bedürfnisse spüren können und den Mut und das Vertrauen entwickeln, unser Leben in die Hand zu nehmen. Wahrscheinlich lassen sich nicht alle erhofften Veränderungen umsetzen. Aber wir können lernen, Nischen zu finden, die wir gestalten können, und lernen, das zu akzeptieren und mit dem gut zu leben, was wir nicht ändern können.

Aus dem Retreat zurück ins Leben

Wenn Sie sich für die Zeit der Rauhnächte aus Ihrem Alltag zurückgezogen haben, wie beispielsweise in ein Kloster, dann lassen Sie sich bitte Zeit, das Retreat langsam zu beenden. Geben Sie sich ein bis zwei Tage, um wieder am normalen Leben teilzunehmen, Wäsche zu waschen, einkaufen zu gehen und zwischendurch alles etwas nachwirken zu lassen. Vielleicht haben Sie während der Rauhnächte viel geschwiegen und wenig Menschenkontakt gehabt. Gewöhnen Sie sich langsam wieder ans Sprechen. Melden Sie sich vielleicht erst mal nur kurz bei jemandem, der Ihnen wichtig ist, der Sie aber nicht sofort mit dem ganzen Geschehen in der Familie oder der Welt konfrontiert. Wenn Sie zu Ihrer Familie und Ihren Kindern zurückkehren, bitten Sie Ihren Partner darum, Ihnen einen Zeitpuffer zu verschaffen, so dass Sie in Ruhe nach Hause kommen können, sich akklimatisieren, vielleicht einen Spaziergang machen und sich wieder zu Hause fühlen können, bis dann Ihre Kinder Ihre volle Aufmerksamkeit und Energie einfordern. Ein befreundetes Ehepaar gibt seinen kleinen Sohn für den Tag oder das Wochenende nach dem Retreat zur Großmutter, so dass der Partner in Ruhe ankommen kann.

Dieser Freiraum ist auch für beide Partner gut, um sich wieder miteinander vertraut zu machen und über das eine oder andere zu sprechen. Ein gemeinsames Gespräch kann für Ihren Partner sehr wichtig sein. Denn während der Rauhnächte haben Sie möglicherweise einen Prozess durchgemacht, der Sie transformiert hat. Das kann Ihren Partner, der diese Zeit nicht miterlebt hat, verunsichern. Geben Sie einander Zeit und die Informationen, die notwendig sind, um sich miteinander sicher und geborgen zu fühlen. Sie brauchen nicht über alles zu sprechen. Es ist Ihre Zeit gewesen und auch Ihr Prozess. Der Partner oder die Partnerin braucht auch nicht alles zu verstehen und zu wissen. Doch sorgen Sie für mitfühlendes, leidfreies Miteinander. Bedanken Sie sich auch bei Ihrem Partner und Ihrer Familie, dass sie Ihnen diesen Freiraum ermöglicht haben. Es ist keine Selbstverständlichkeit. Ich kenne einige Menschen, die es sehr schwer haben, von zu Hause die Unterstützung, geschweige denn das Verständnis oder auch nur das Tolerieren des Wunsches nach Rückzug zu bekommen. Es ist wundervoll und sehr kostbar, dass Sie so einen Partner und so eine offene Familie haben. Versuchen Sie bitte, so natürlich und normal wie möglich zu sein, selbst wenn Sie wunderbare Erlebnisse und Erkenntnisse gesammelt haben. Bleiben Sie natürlich.

Gut Ding braucht Weile

Bitte geben Sie sich und Ihren Vorhaben Zeit. Auch wenn Sie jetzt vielleicht schon vor lauter Tatendrang platzen und am liebsten alles umkrempeln wollen, geben Sie sich und Ihrem Leben (und auch den Menschen darin) die Zeit, die Sie und alle anderen zum gesunden Wachsen brauchen. Nutzen Sie die nächsten Tage und Wochen des Winters, Ihre Ideen wie einen guten Hefeteig ruhen und gehen zu lassen. Schreiben Sie ab und zu Ideen und Gedanken auf, lesen Sie sich auch noch mal Ihre Aufzeichnungen aus den Rauhnächten durch. Befragen Sie immer mal wieder Ihre Intuition, wie sie das findet, was Sie gerade austüfteln, und erspüren Sie den guten Moment für die Umsetzung. Manchmal hat man ein komisches Gefühl bei einer Sache, auch wenn die Fakten dafürsprechen. Warten Sie besonders hier ab. Meistens sind dann noch nicht alle Fakten auf dem Tisch, und es verändert sich noch etwas Wesentliches. Trauen Sie Ihrem Instinkt. Die Natur hat Ihnen den Instinkt zu Ihrem Schutz mitgegeben. Er ist ein wichtiger Ratgeber. Natürlich auch Ihre Ratio – doch die sollte ab jetzt nicht mehr Ihre alleinige Beraterin sein.

Den Weg gehen

Das Jahr wird sich mit jedem Tag unter Ihren Füßen, Händen und Ihrem Herz entfalten. Manchmal wird es steile, knifflige Stellen für Sie bereithalten, an denen Sie Ihr Geschick und Ihren Mut beweisen und trainieren können. Andere Wegabschnitte werden Sie mit traumhaften Ausblicken und unverhofften Wundern beglücken. Die nächsten Monate geben Ihnen die Möglichkeit, in sich zu ruhen, zu regenerieren oder neue Pläne zu schmieden. Scheitern, Stolpern und Fallen gehören immer dazu. Es ist Teil unseres Menschseins, Fehler zu machen. Die Natur kann uns eine wunderbare Lehrmeisterin sein und uns in schwierigen Momenten einen Seinsraum geben, in dem wir verschnaufen und uns sammeln können. Sie ist wie eine große Mutter, die uns hält und nährt und sein lässt, wie wir gerade sind. Mit all unseren Sorgen und unserem Unperfekt-Sein. Sie lässt uns da sein, sie heilt und spendet auf ihre stille, ruhige Art Trost und Kraft. So werden wir immer weiter unseren Weg gehen können – unseren Weg durch den Jahreskreis, dessen Stationen Sie in den letzten 12 Nächten bereits durchschritten und erfühlt haben.

Wir sind nun am Ende dieses Buches angekommen. Ich hoffe, dass Sie ein paar Inspirationen für sich gewinnen konnten. Jede Rauhnachtszeit verläuft etwas anders. Zwar sind die Jahreskreisthemen immer wieder die gleichen, doch die Rauhnächte haben unterschiedliche Energien. Auch unsere eigene Energie und Empfänglichkeit wandeln sich, und so können Sie mit diesem Buch immer wieder neue Erfahrungen machen. Ich freue mich, wenn wir uns im nächsten Rauhnachtszyklus wiedersehen.

Jetzt wünsche ich Ihnen von ganzem Herzen ein wundervolles Jahr voller Möglichkeiten und stimmigen Fügungen. Einen zaubervollen regenerativen Winter, einen fruchtbaren bunten Frühling, einen herrlichen sonnendurchfluteten Sommer, einen erntereichen goldenen Herbst und eine hoffnungsvolle magische Wintersonnenwende.

Ihre Maren Schneider

Literatur

Elfie Courtenay: *Rauhnächte. Die geheimnisvolle Zeit zwischen den Jahren*. München 2013.

Nayoma de Haën: *Das Mysterium der Raunächte*. Burgrain 2012.

Heinrich Dickerhoff: *Keltische Märchen und Sagen zum Erzählen und Vorlesen*. Krummwisch 2012.

Christine Fuchs: *Räuchern in Winterzeit und Raunächten*. Stuttgart 2012.

Valentin Kirschgruber: *Das Wunder der Rauhnächte*. München 2013.

Maren Schneider: *Achtsamkeit für Einsteiger*. München 2016.

Maren Schneider: *Crashkurs Meditation*. München 2012.

Maren Schneider: *Seelenstärke. Der achtsame Weg zu Regeneration und Heilung*. München 2014.

Über die Autorin

Maren Schneider ist eine der bekanntesten deutschsprachigen Autorinnen im Bereich Achtsamkeit, Meditation und Buddhismus. Sie ist ausgebildete Lehrerin für Stressbewältigung durch Achtsamkeit (MBSR) sowie für Achtsamkeitsbasierte Kognitive Therapie (MBCT). Die erfahrene Seminarleiterin verfügt über eine jahrzehntelange buddhistische Übungspraxis. Neben den klassischen 8-Wochen-Kursen gibt sie Retreats und Seminare auf der Basis eigener Konzepte wie beispielsweise »Achtsamkeit und Selbstmitgefühl«.